Super reisen!

G.B

Salzburg

Von Karl Heinz Ritschel

MERIAN

Unsere Qualitätszeichen sind

für besonders hervorzuhebende Objekte

für Plätze, wo sich vor allem junge Leute aufhalten
oder die man ihnen empfehlen kann

Abkürzungen

Aug.	August	Mio	Millionen
Dez.	Dezember	Mo	Montag
Di	Dienstag	Nov.	November
Do	Donnerstag	Okt.	Oktober
Erw.	Erwachsene	öS	österreichischer Schilling
Feb.	Februar	Sa	Samstag
Fr	Freitag	Sept.	September
geschl.	geschlossen	So	Sonntag
hl.	Heilige(r)	Str.	Straße
Jan.	Januar	Tel.	Telefon
Jh.	Jahrhundert	tgl.	täglich
Mi	Mittwoch	Zi	Zimmer

Preiskategorien

Restaurants

Die Preise gelten jeweils für ein Menü mit mehreren Gängen, aber ohne Getränk.

Luxuskategorie: ab 500 öS
1. Kategorie: ab 400 öS
2. Kategorie: ab 200 öS
3. Kategorie: ab 100 öS

Hotels

Die Preise beziehen sich auf eine Übernachtung mit Frühstück im Doppelzimmer für zwei Personen.

Luxuskategorie: 1500–4500 öS
1. Kategorie: 900–2500 öS
2. Kategorie: 500–1100 öS
3. Kategorie: 350– 800 öS

Inhalt

Zu Gast in Salzburg

Salzburg hat immer Saison. Vor mehr als einem Jahrzehnt gab es noch eine kurze Spanne Zeit, da gehörte diese Stadt allein den Bürgern, es war dies der Übergang vom Spätsommer in den Herbst. Doch auch diese Lücke ist – zum Leidwesen der Bewohner – geschlossen worden, und heute bevölkern jahraus, jahrein Touristen aus aller Welt die Stadt an der Salzach im nördlichen Alpenvorland.

Salzburg zählt beispielsweise für Amerikaner zu den Fixpunkten jeder Europa-Rundreise. Für Japaner wiederum ist die Stadt an der Salzach ein »Muß« als Geburtsort des Tonschöpfers Wolfgang Amadeus Mozart. Das ist nur einer der Gründe, warum Salzburg so begehrt ist – Mozart zählt nun einmal zu den bedeutendsten Komponisten aller Zeiten. Darüber hinaus hat sich die Stadt selber ihre Eigenheit bewahrt. Das alte Zentrum zeigt unverlierbar seinen Kern als gotische Bürgerstadt mit den höfischen Bauten der späten Renaissance und des Barock. Landschaftlich ist Salzburg überaus reizvoll an der Salzach gelegen. Beiderseits des Flusses ragen die Stadtberge empor, der Mönchsberg und Festungsberg auf der linken und der Kapuzinerberg auf der rechten Flußseite. Gekrönt werden sie von der mächtigen Festung Hohensalzburg, dem darunterliegenden Benediktinerinnenstift Nonnberg und, auf der anderen Seite, vom Kapuzinerkloster. Von vielen Punkten der Stadt sind auch die Berge der näheren Umgebung zu sehen: der Gaisberg, von dem sich ein wunderschöner Blick auf die gesamte Stadtlandschaft bietet, der Untersberg, der schon hochalpines Gelände ist, und schließlich im Hintergrund die Alpenkette.

Salzburg – das deutsche Rom

Salzburg ist die Hauptstadt des gleichnamigen Landes und daher Regierungssitz mit einem Landeshauptmann an der Spitze, der gleichzusetzen ist mit dem Ministerpräsidenten eines deutschen Bundeslandes. Salzburg ist eines von neun Bundesländern der Republik Österreich. Es ist ein altes Gebiet und doch nach dem Burgenland das zweitjüngste in Österreich, denn bis zu den napoleonischen Kriegen war Salzburg ein reichsunmittelbares, geistliches Fürstentum, das erst nach dem Wiener Kongreß 1816 endgültig der habsburgischen Donaumonarchie eingegliedert worden ist.

Unverkennbar haben die Fürsterzbischöfe, die das Land mit Geschick und zeitweilig auch mit harter Hand regiert haben, die Stadt-

Die Pflege traditionellen Brauchtums hat im ganzen Salzburger Land einen hohen Stellenwert

landschaft geprägt. Man spricht vom deutschen Rom, was angesichts der Vielzahl von Kirchen einleuchtend ist. Darüber hinaus aber hat Salzburg ein stark italienisch beeinflußtes Stadtbild, hervorgerufen durch den Bauwillen der Erzbischöfe Wolf Dietrich von Raitenau und Marcus Sitticus von Hohenems, die durch ihre Verwandtschaft mit den Medici stark beeinflußt waren. So ist Salzburg eine liebenswerte Stadt, elegante Plätze wechseln mit mittelalterlichen engen Gassen ab. Sehr deutlich ist eine Dreiteilung in Fürsten- und Mönchsstadt, Bürgerstadt und Festspielstadt zu erkennen. Festspielstadt ist Salzburg durch eine geniale Idee von Max Reinhardt geworden, der in den zwanziger Jahren auf dem Domplatz Hugo von Hofmannsthals Mysterienspiel des »Jedermann« aufführte und so den Boden schuf für die jährlich wiederkehrenden Sommerfestspiele, denen sich inzwischen viele Festivitäten zugesellt haben. Dadurch hat Salzburg im Kranz der Festspielstädte einen weltweiten Nimbus errungen.

Der Reiz der Geschichte

Salzburg hat seinen Namen vom Salz, das in nächster Umgebung abgebaut wurde. Die Siedlungsgeschichte reicht bis in die Keltenzeit zurück. Die Römer hatten Juvavum, wie der römische Name Salzburgs lautete, in den Rang eines Oppidum, also einer Stadt, erhoben. Das kann nicht verwundern, denn Salzburg liegt an einer der wichtigen Nord-Süd-Verbindungen über die Alpen. Die Natur hat Pässe vorgegeben, und die ersten Siedler nutzten sie für ihre Handelswege. So besaß (und besitzt) Salzburg eine aufgeweckte Kaufmannsschicht, die das Stadtbild bis heute geprägt hat.

Die geistlichen Fürsten waren so klug, ihre Haupt- und Residenzstadt nicht nur mit Kirchen, sondern auch mit Schutzbauten zu versehen. So ist nicht nur die wuchtige Festung intakt, auch die Wehrmauern und Tore auf den Stadtbergen und zum Teil auch in der Stadt sind erhalten. Diese Wehrhaftigkeit hat dem Land im Dreißigjährigen Krieg, in dem die Fürsterzbischöfe neutral blieben, Verheerungen erspart. Erst Bombenabwürfe gegen Ende des Zweiten Weltkriegs haben Teile der Stadt, darunter die Kuppel des Doms, zerstört. Der Wiederaufbau geschah mit sehr viel Feingefühl, so daß die Neubauten gar nicht so leicht herauszufinden sind.

Krämergeist aber hat besonders dem Bild der Altstadt Wunden zugefügt. Für immer größere Auslagenfenster zum Feilbieten der Waren hat man rücksichtslos altes Mauerwerk zerstört. Um dem Einhalt zu gebieten, wurde 1967 ein Altstadterhaltungsgesetz erlassen. Weil auch außerhalb der Altstadt viele Bausünden begangen wurden, kam es zuerst zu Bürgerinitiativen, dann zur Gründung einer eigenen Bürgerliste, die bei Gemeinderatswahlen sensationelle Erfolge erreichte. All das hat den Sinn der Bürger geschärft, so daß in den letzten Jahren einige Geschäftsleute ihre Portale und Verkaufslokale wieder in den früheren Zustand versetzten. Dies geschah sicher nicht nur aus Bürgersinn, sondern wohl auch aus der Erkenntnis, daß Touristen nicht zum Einkaufen nach Salzburg kommen, sondern um die alte Stadt zu erleben. Es ist vor allem das historische Ambiente, was den Reiz eines Bummels durch Salzburg ausmacht.

Warum ich das hier schildere? Weil es einen gültigen Blick auf die Salzburger erlaubt, die keinesfalls Statisten einer mittelalterlichen Stadt sind, sondern vielmehr Menschen, die stolz auf ihre Heimat sind, für sie streiten und sie erhalten wollen. Die Wirtschaftszahlen zeigen jedenfalls, daß die Salzburger zufrieden mit ihrer Stadt sein können. Die Einnahmen aus dem Tourismus, dem Ausbau des Messewesens und vor allem durch die Ansiedlung großer Handelsfirmen, zum Beispiel aus der Automobil-Branche, sind beträchtlich gestiegen. Hingegen hat man bewußt auf den Ausbau von umweltschädigender Industrie verzichtet.

Festspielstadt Salzburg

Kulturell hat Salzburg durch seine Festspiele Bedeutung erlangt. Mit dem Bau des Großen Festspielhauses durch Clemens Holzmeister hat die Stadt nach dem Zweiten Weltkrieg die Weichen für die Zukunft gestellt. Die Festspiele führen außer den Wiener Philharmonikern internationale Ensembles, Musiker, Dirigenten und Sängerstars der großen Opernbühnen zu glanzvollen Aufführungen zusammen. Herbert von Karajan hat durch die Gründung der Osterfestspiele und der Pfingstkonzerte weitere Fixpunkte gesetzt. Im Januar finden die internationalen Mozartwochen der Stiftung Mozarteum statt, die Salzburger Kulturvereinigung veranstaltet eigene Konzertreihen und Musiktage, und Konzertensembles musizieren ganzjährig in den prunkvollen Räumen der Schlösser.

Aus Protest gegen die etablierte Hochkultur wurde die »Szene der Jugend« als Träger der Alternativkunst gegründet. Heute hat sie sich zur »Szene« gewandt – zu einem hervorragenden Veranstalter moderner Musik, zeitgenössischen Balletts und Theaters. Apropos Theater: Dem qualitätsvollen Landestheater haben sich mehrere Kleinbühnen zugesellt, und das weltberühmte Marionettentheater hat ein begeistertes Publikum gefunden.

Eine Spezialität der Stadt Salzburg ist das Adventsingen als Mittelpunkt des vorweihnachtlichen Geschehens. Die Adventszeit gibt Salzburg ein ganz eigenes Gepräge mit dem Christkindlmarkt auf dem Domplatz, dem Christbaummarkt auf dem Residenzplatz und dem Adventblasen vom Glockenspielturm, der Residenz und anderen Bauten samstags nach Ladenschluß. Da drängen sich Hunderte von Menschen und schaffen eine ganz eigene Atmosphäre: Man

Musterstück barocker Parkgestaltung – der Mirabellgarten

spürt, daß die Menschen auch heute zu fassen sind, daß sie innehalten, um sich dieser Zeit der Erwartung hinzugeben. Wer zum Beispiel das Adventsingen unter Leitung von Tobias Reiser erleben will, sollte die Karten schon viele Monate vorher bestellen, denn diese Veranstaltung genießt inzwischen internationalen Ruf.

Im August laden die Feste in Hellbrunn zu einem unbeschwerten Vergnügen ein. Zu ihrem Auftakt gibt es ein Gratisfest auf den Plätzen der Altstadt. Im Februar wiederum hat sich die MotzArt-Woche mit zeitgenössischem Kabarett einen Namen gemacht. Nicht nur von Gläubigen werden die Festmessen im Dom, in der Franziskanerkirche und in St. Peter besucht. Der kulturelle Rahmen dieser Stadt ist vielfältig und bietet für jeden etwas.

Schon der weltgewandte Reisende Alexander von Humboldt hat in seinen Briefen geschrieben: »Die Gegenden von Salzburg, Neapel und Konstantinopel halte ich für die schönsten der Erde.« Und der Dichter Hermann Bahr versicherte: »Salzburg ist immer schön, und immer glaubt man, daß es gerade jetzt am schönsten sei.« Doch dieser Zeugnisse bedarf der Besucher gar nicht. Kommt er nach Salzburg – wer es genau wissen will: 425 Meter hoch gelegen am Nordrand der östlichen Alpen –, so gerät er im Handumdrehen in einen Bann. Salzburg ist eine liebenswerte alte Bischofs- und Residenzstadt, die zur Mozartstadt, zur Kur-, Kongreß- und Messestadt, schließlich zur Festspielstadt schlechthin geworden ist. Oder, kurz gesagt, zu einem europäischen Kleinod.

Top Ten von Merian

Zehn Höhepunkte in Salzburg, die sich kein Besucher entgehen lassen sollte.

1. Die alte Bürgerstadt
Gotische und barocke Bürgerhäuser erleben Sie bei einem Bummel durch die Altstadt, vor allem am Alten Markt (S. 20), in der Getreidegasse (S. 26) und in der Judengasse (S. 28). Besonders reizvoll ist es, die zahlreichen Innenhöfe zu besuchen.

2. Festung Hohensalzburg
Über Fußweg oder Festungsbahn erreichen Sie die gewaltige Burganlage (S. 24), die komplett zu besichtigen ist. Besonders prunkvoll sind die Fürstenzimmer. Auf halber Höhe ist das ehrwürdige Stift Nonnberg mit seinen reichen Kunstschätzen gleichfalls einen Besuch wert (S. 33).

3. Der Blick über die Stadt
Entweder auf dem Spazierweg von der Festung über den Mönchsberg oder auf direktem Weg und über den Mönchsbergaufzug gelangen Sie zum Grandcafé Winkler (S. 19), einem Feinschmeckerlo-

Prunkvoll ausgestattet: die Fürstenzimmer auf der Hohensalzburg

kal, von dem aus sich der schönste Blick über Salzburg öffnet. Wer einen anderen Blickwinkel sucht, kann den (mühsamen) Weg zum Kapuzinerkloster (S. 29) auf sich nehmen.

4. Salzburg – das deutsche Rom

Der Vielfalt der Kirchen und der historischen Bedeutung Salzburgs als Sitz des »Primas germaniae« verdankt Salzburg den Beinamen »deutsches Rom«. Die wichtigsten Kirchen sind Franziskanerkirche (S. 25), Dom (S. 21) und Stiftskirche St. Peter (S. 37).

5. Petersfriedhof

Mit seinen kunstvollen Grabkreuzen und Grabdenkmälern ist der zwischen Altstadt und dem Felsen der Mönchsbergwand liegende Petersfriedhof ein »Muß« für den kulturgeschichtlich interessierten Reisenden. Geheimnisvoll sind die frühchristlichen Katakomben im Fels der Mönchsbergwand (S. 38).

6. Die Mozartstätten

Salzburg ist die Geburtsstadt des weltberühmten Tonschöpfers Wolfgang Amadeus Mozart. Das Geburtshaus in der Getreidegasse (S. 32, 44) ist geradezu ein Pilgerziel, aber auch Mozarts Wohnhaus (S. 32, 44) oder das Zauberflötenhaus (S. 16) sind zu empfehlen.

7. Mirabellgarten

Der schönste Fotoblick auf Salzburg mit dem Panorama der Altstadt und der Festung bietet sich vom Rosenhügel des Mirabellgartens. Im Sommer ist der im 18. Jahrhundert angelegte Schloßpark eine besondere Zierde (S. 73).

8. Hellbrunn

Am Rande der Stadt sind Schloß, Park und Tiergarten von Hellbrunn voller Erlebnisse. Vor allem die barocken Wasserspiele, von einem lebensfrohen geistlichen Fürsten erdacht, begeistern die Besucher (S. 28).

9. Ein Kaffeehausbesuch

Die Tradition des Kaffeehauses ist in Salzburg ungebrochen. Hervorgehoben seien Tomaselli (S. 19), im Sommer mit Garten und luftiger Terrasse, und das Café Bazar (S. 17).

10. Gastlichkeit erleben

Salzburger Küche in einer Reihe von alten Gasthöfen zu genießen, gehört ohne jeden Zweifel zu einem Besuch der Salzachstadt. Der älteste Gasthof ist der Stiftskeller von St. Peter, der mit seinen Stuben auch ein Augenschmaus ist (S. 53).

Magazin

Informationen zu Lebensart und Landeskunde, Kunst und Kultur.

Advent ist ein Höhepunkt im Salzburger Leben. Am Vorabend des ersten Adventsonntags gibt es das Turmblasen, das sich Woche für Woche bis zum Weihnachtsabend wiederholt. Im Festspielhaus findet das Adventsingen statt, eine Brauchtumsveranstaltung, die Tobias Reiser der Ältere gemeinsam mit dem Dichter Karl Heinrich Waggerl gegründet hat. Einem Salzburg-Besuch in dieser Zeit ist ein besonderes Flair eigen.

Blumenbinderei kann man in Salzburg in einer eigenständigen Ausprägung antreffen. Es entstehen sogenannte Gewürzsträuße, kunsthandwerkliche Arbeiten aus verschiedenen Gewürzen, Getreideähren und getrockneten Pflanzen, die zu Blumensträußen zusammengefügt werden, jahrelang haltbar sind und einen angenehmen Duft verbreiten.

Dirndln sind im Sprachgebrauch fesche junge Frauen, doch heißen auch die Trachtenkleider so, die aus verschiedenen Bezirken des Landes stammen.

Erzbischöfe haben seit der Zeit Karls des Großen Salzburg regiert. Damals unterstanden ihnen auch alle bayerischen Diözesen. Heute noch besitzen die Salzburger Erzbischöfe den Titel eines Päpstlichen Legaten und tragen dessen purpurnes Gewand; sie führen auch die ehrende Bezeichnung »Primas Germaniae«.

Festspiele gibt es in Salzburg seit 1920, als der geniale Regisseur Max Reinhardt die Stadt als Kulisse für seine Inszenierung des »Jedermann« entdeckte. Heute sind die Salzburger Festspiele ein internationales Großunternehmen.

Glockenspiel erklingt vom Turm des Residenz-Neugebäudes. Das Spielwerk mit seinen 35 Glocken stammt von einem Meister aus Antwerpen, wo es Fürsterzbischof Graf Thun im 18. Jahrhundert erworben hat. Er bezahlte das »Wunderwerk« mit Gewinnen aus seiner Beteiligung an der niederländischen Ostindischen Handelskompagnie. Monatlich werden andere Liedfolgen auf dem Walzwerk, das die Glocken in Betrieb bringt, gesetzt. Nach dem Glockenspiel dröhnt der »Stier« von der Festung. In alten Zeiten hat diese Walzenorgel Gefahr für die Stadt und das allabendliche Schließen der Tore angekündigt.

Heimatwerk ist für Besucher ein echter Tip. In den Räumen der ehemaligen Garde, ebenerdig im Residenz-Neugebäude unterge-bracht, sind kleine kunsthandwerkliche Gegenstände und kostbare Schnitzereien zu kaufen. Die Salzburger selber erstehen hier Hand-weben und Dirndlstoffe aus dem reichhaltigen Angebot.

Jedermann heißt die populärste Aufführung der Festspiele, die Jahr für Jahr begeistert aufgenommen wird. Hugo von Hofmannsthal hat das Spiel vom Leben und Sterben des reichen Mannes geschrieben. Aufführungsort ist der Domplatz. Von den Türmen der umliegenden Kirchen ertönen laut die Rufe »Jedermann«, wenn Gott den reichen Prasser mahnt, an sein Ende zu denken. Mysterienspiel oder Spekta-kel? Die Antwort muß sich jeder selber geben, doch die künstleri-sche Darbietung ist durch hochrangige Darsteller gesichert.

Karajan hat die letzten Jahrzehnte das Festspielgeschehen in Salz-burg dominiert und überdies die Osterfestspiele geschaffen. Herbert von Karajan (1908–89), gebürtiger Salzburger, hat als Dirigent welt-weiten Ruhm erlangt. Er wurde gefeiert und umjubelt und galt als überaus schwieriger Künstler. Den Festspielen hat er unverkennbar seinen Stempel aufgedrückt.

Lodron, genauer Paris Graf von Lodron, regierte Salzburg als Fürst-erzbischof von 1619 bis 1653. In dieser Zeit wurde der heutige Salzburger Dom fertiggestellt und die Wehrmauer um den Kapuzi-nerberg gezogen. Der von ihm für seine Geschwister erbaute Primo-genitur-Palast zwischen Makart- und Mirabellplatz ist nur noch als straßenseitige Außenfassade erhalten. In der Nachkriegszeit wurde der Palast abgerissen. Durch eine Kampagne gelang es, immerhin die Fassade zu retten. Heute ist in dem Neubau die Musikhochschu-le Mozarteum untergebracht.

Mozartstadt ist der stolze Beiname, den Salzburg trägt, denn im Haus Getreidegasse 9 wurde der Komponist Wolfgang Amadeus Mozart am 27. Januar 1756 geboren. Der Vater war aus Augsburg zugezogen und als Violinist der Hofkapelle in die Dienste des Landesherrn getreten. Er brachte es in seiner Karriere zum wohlbe-stallten Fürsterzbischöflichen Vizekapellmeister und wollte auch seinen Sohn in solch gesichertem Dienste sehen. Doch das »Wolf-gangerl«, gemeinsam mit seiner älteren Schwester Nannerl als Wunderkinder in ganz Europa vorgezeigt, hatte mehr im Sinn. Zu Salzburg entwickelte Mozart eine Haßliebe. Ein Fußtritt des erzbi-schöflichen Hofmarschalls gegen den unbotmäßigen Musikanten und Komponisten beendete dessen Hofkarriere – aber gab ihm die Freiheit, seine herrlichen, unsterblichen Opern und Konzertmusi-

Der »Jedermann« – fester Bestandteil der Salzburger Festspiele

ken zu schaffen. Inzwischen aber hat Salzburg Mozart ganz angenommen. Das Geburtshaus in der Getreidegasse und das Wohnhaus auf dem Makartplatz sind Gedenkstätten; mit der Stiftung Mozarteum entstand eine hervorragende Stätte zur Pflege Mozartscher Musik und Tradition. Die staatliche Musikhochschule trägt seinen Namen. Und schließlich wird Mozart in schokoladenen Mozartkugeln, Gipsporträts und anderen Formen höchst erfolgreich, wenn auch kitschig, vermarktet.

Nonnberg ist eine ehrsame Adresse, denn hier hat Ende des siebten Jahrhunderts Bischof Rupert von Worms ein Frauenkloster errichtet und seine Verwandte Erentrudis zur Äbtissin geweiht. Das Benediktinerinnenstift ist nicht nur das älteste Frauenkloster nördlich der Alpen, es ist überhaupt das älteste, das ununterbrochen vom Tag seiner Gründung an bis heute besiedelt ist. Der Klosterkomplex lehnt sich mit dem Stiftsgarten an den Festungsberg an, während der Berg zur Stadt hin steil abfällt. Am späten Vormittag – bevor die Nonnen um halb zwölf zur Mittagstafel eilen – tönt leiser Gesang vom vergitterten Nonnenchor, wo sich die frommen Frauen zum benediktinischen Chorgesang zusammengefunden haben, durch den Kirchenraum. Das Kloster ist unter strenger Klausur. An der Pforte sind gelegentlich bezaubernde tönerne Modelabgüsse zu erstehen, die von Nonnen gefertigt werden, denn das Kloster besitzt eine sehr umfangreiche Sammlung von Modeln, also Wachs-, Lebzelt- und Butterformen.

Paracelsus, richtig Theophrastus Bombastus von Hohenheim, der große Arzt des Mittelalters, lebte und starb in Salzburg. 1493 im schweizerischen Einsiedeln geboren, wuchs Paracelsus in Kärnten auf und ließ sich 1525 nach seinen Studien als Arzt in Salzburg nieder. Paracelsus verfaßte wissenschaftliche Arbeiten über die Gasteiner Thermalquellen und über die Begehung der Tauern. Er erkannte den Irrsinn als Krankheit, braute in seiner alchemistischen Stube Heilmittel und verfaßte eine ganze Reihe medizinisch-philosophischer Werke. Reich wurde er jedoch nicht. Zwar hatte er in seinem Testament bestimmt, sein Vermögen solle den Armen zugute kommen, doch sein Nachlaß bestand in wenigen »Fahrnissen« und Kleidern, 16 Dukaten und einigen anderen Münzen.
Paracelsus, der am 24. September 1541 starb, wurde auf dem Sebastiansfriedhof an der Linzer Gasse beigesetzt. Heute ruhen seine Gebeine in der Vorhalle der Kirche St. Sebastian.

Pirole treffen auf dem Mönchsberg etwa Mitte Mai aus dem Süden ein und nisten hier. Die Stadtberge sind wahre Vogelparadiese. Auf dem Mönchsberg sind auf einer Vogeltafel alle Arten verzeichnet, die heimisch sind, darunter seltene Vögel wie der Seidenschwanz und der Mauerläufer. Heimisch sind verschiedene Meisen, Bergfinken, Gimpel, Zaunkönige, Kleiber, Eichelhäher, Grünlinge, Kernbeißer, Drosseln und Dohlen. Der pünktlichste Vogel ist der Mauersegler, der stets um den 1. Mai eintrifft. Die Mauersegler umrunden mit schrillem Pfeifen in rasendem Flug die Türme der Kirchen und der Festung. Auch der Kapuzinerberg ist Nistplatz vieler Vogelarten.

Quellen mit hochkarätigen Heilanzeigen in der näheren Umgebung der Stadt, Sole aus dem Salzvorkommen vom Dürrnberg und das Moor aus dem Stadtgebiet im Vorfeld des Untersberges haben Salzburg ermöglicht, sich auch als Kurstadt zu bezeichnen. Die Wasser der Wiestal- und der Goisgrabenquelle sind mit Glaubersalz und Bittersalz angereichert, vergleichbar den Quellen von Karlsbad, Marienbad oder Montecatini. Salzburg sieht für die Zukunft die Möglichkeit, eine Nachfolge der böhmischen Bäder anzutreten, um zum Mekka jener Menschen zu werden, deren Leber, Galle, Magen oder Bauchspeicheldrüse angegriffen ist oder die an Gicht- und Stoffwechselkrankheiten laborieren. Als Salzburger Spezialität wurde die »Paracelsuskur« entwickelt, die den kulturellen Hintergrund der Kurgäste in die medizinische Betreuung einschließt.

Residenzstadt ist Salzburg seit dem frühen Mittelalter. Durch die Residenzbauten entstand eine eigene höfische Stadt. Die Erzbischöfe konnten sich das leisten, denn sie hatten hohe Einkünfte aus den Zöllen des Nord-Süd-Handels und besaßen immensen Reichtum an

Salz, dem »Gold der Tauern«. Dazu kam echtes Gold: Ende des 16. Jahrhunderts wurden 850 Kilogramm jährlich gewonnen – zehn Prozent der Weltproduktion. Die heutige Residenz wurde in ihren wesentlichen Teilen von Erzbischof Wolf Dietrich von Raitenau (1587–1612) errichtet.

Salzburger Nockerln sind eine köstliche Süßspeise oder, wie man in Österreich sagt, eine »Mehlspeise«. Sie sind auf jeder Karte eines guten Salzburger Lokals zu finden. Doch eine Warnung: Bestellen Sie nie leichtsinnig für jede Person Ihrer Begleitung die überall vorzüglich zubereitete Mehlspeise, denn eine Portion reicht für drei. Was sind Salzburger Nockerln? In einer feuerfesten Schüssel werden fünf Eiweiß zu Schnee geschlagen und zwei Eßlöffel Puderzucker zugefügt. In den steifen Schnee gibt man vorsichtig Mehl, Eidotter, Vanillezucker und ein paar Tropfen Rum hinzu. Aus der Masse werden große Nockerln gestochen, die samt der Schüssel in das heiße Backrohr geschoben werden. Man darf nicht oft kontrollieren, denn die Masse verträgt keine Zugluft. Wenn die Nockerln aufgegangen sind, werden sie mit Zucker bestäubt und sofort in der Schüssel serviert. Mahlzeit!

Tomaselli, das prominenteste Kaffeehaus Salzburgs, wird seit 130 Jahren von der gleichnamigen »Kaffeesiederfamilie« betrieben und ist so recht ein Café, wie man es nur in Österreich finden kann. Es hat behäbige, gemütliche Räume, ein paar Tische stehen auf dem Gehsteig, und im Sommer ist das reizende Gartencafé, jenseits der Straße zu Füßen der Residenz, geöffnet. Seit 1765 ist das Kaffeehaus ein markanter Treffpunkt der Salzburger Gesellschaft.

Untersberg heißt der alpine Hausberg der Salzburger, wenige Kilometer vom Stadtrand entfernt auf der Straße nach Berchtesgaden. Eine moderne Seilbahn fährt auf den 1853 Meter hohen Berg hinauf. Von der Bergstation erreicht der Besucher auf einem schönen Weg den Gipfel des Geierecks, von dort führt ein bequemer Weg zum Hochthron. Beide Berggipfel bieten unvergeßliche Ausblicke auf die Alpen und das Alpenvorland. Im Winter ist der Untersberg ein Eldorado für Skifahrer.

Veste Hohensalzburg ist der alte traditionelle Name für die Festung, das Wahrzeichen Salzburgs. Heute viel bestaunt, war die Festung den Bürgern nicht nur Schutz vor Feinden, sondern auch eine stete Mahnung des Landesherrn für seine Untertanen. Manche Erzbischöfe flüchteten vor aufmüpfigen Bürgern in die Festung und regierten von dort mit harter Hand. Die Baugeschichte ist gleichzeitig der kriegerische Teil der Geschichte Salzburgs, der vom 11. bis zum

18. Jahrhundert reicht. Mit der Entwicklung der Waffentechnik wurde die Festung immer wieder umgebaut, so daß sie stets ihre Aufgabe erfüllen konnte, zwar Belagerungen erlebte, aber niemals erobert wurde. Den napoleonischen Truppen wurde die Hohensalzburg kampflos überlassen. In unserer Zeit haben die Touristen die Festung erobert. Sie ist mit fast 1,5 Millionen Besuchern eines der bestbesuchten Touristenziele in Österreich und rangiert damit gleich nach dem kaiserlichen Schloß Schönbrunn in Wien.

Wappen sind in Salzburg an vielen Gebäuden zu sehen. Die Stadt ist eine Fundgrube für Freunde der Wappenkunde, denn da das Fürstentum nicht erblich war, sondern das Domkapitel jeweils einen neuen Erzbischof wählte, kamen verschiedene Adelsgeschlechter aus dem Heiligen Römischen Reich Deutscher Nation zum Zug. Dadurch aber entstand die Vielfalt von Wappen (→ Geschichte auf einen Blick: Die Salzburger Wappen).

Wolf Dietrich von Raitenau, der von Legenden umwobene geistliche Landesfürst Salzburgs, regierte von 1587 bis 1612 und mußte bei seiner Wahl in Rom um Dispens einkommen, weil er mit 28 Jahren zu jung für die Bischofsweihe war. Wolf Dietrich ließ nach einem Brand den romanischen Dom abreißen, um mit einem Neubau zu beginnen. Er errichtete die neue Residenz und am Rande der Stadt Schloß Altenau, das heutige Schloß Mirabell. Dieses Lustschloß mit seinem herrlichen Park war ein Geschenk für seine Lebensgefährtin Salome Alt, eine Salzburger Bürgerstochter, die dem Erzbischof fünfzehn Kinder geboren hat. Bis heute ist nicht eindeutig geklärt, ob Wolf Dietrich nicht eine Scheintrauung vornehmen ließ, um Salome Alts Gewissensnot zu erleichtern; jedenfalls erhob er sie und die Kinder in den Landesadel und erwirkte beim Kaiser den Reichsadelsstand. Diese romantische Liebesgeschichte bewegt noch heute die Phantasie der Salzburger. Wolf Dietrich aber endete als Gefangener auf der Festung.

Zauberflötenhäuschen heißt ein bescheidenes, hölzernes Gartenhaus in einem Teil des alten Bastionsgartens von Mirabell, der vom Mozarteum aus zugänglich ist. Dieses Gartenhaus stand ursprünglich in Wien in unmittelbarer Nähe des Theaters an der Wien, dessen Direktor Schikaneder es Mozart zur Verfügung stellte, damit er ungestört die Komposition der »Zauberflöte« vollenden konnte. Als vor mehr als hundert Jahren der Wiener Komplex, auf dem auch das Gartenhaus stand, verkauft wurde, bekam die Mozartstiftung das Häuschen, ließ es zerlegen und brachte es nach Salzburg. Zuerst stand es im Zwerglgarten, dann auf dem Kapuzinerberg. Im Jahre 1948 fand es seinen endgültigen Standort.

Treffpunkte

Treffpunkte sind auch eine Generationsfrage. Ausgenommen davon sind in Salzburg die prominenten Kaffeehäuser, die von Großeltern und Enkelkindern gleicherweise frequentiert werden. Es ist rührend anzusehen, mit welch sichtlichem Stolz ältere Herren ihren Freunden zeigen, wie die Enkeltochter ihnen Kußhand zuwirft, wenn sie zum Stammtisch eilen. Diese Generationsspanne gilt auch für das Augustinerbräu (»Bräustübl«), einen riesigen Brauhauskeller und Biergarten, wo das frisch angezapfte Bier in Maßkrügen ausgeschenkt wird. Ein dritter Treffpunkt ist die wöchentliche Schranne, ein Wochenmarkt rund um die St. Andräkirche, der von Bauern aus der Umgebung beliefert wird. Hier überall sind die Salzburger selber anzutreffen.

Augustinerbräu Das »Bräustübl« ist eine Domäne der Salzburger aus Stadt und Land. Es liegt am Westhang des Mönchsbergs in der Vorstadt Mülln in dem ehrwürdigen Gemäuer des ehemaligen Augustinerklosters. Das im Haus gebraute Bier wird aus Holzfässern gezapft und in Steinkrügen ausgeschenkt. Neun Büfetts mit Delikatessen, Wurst, Käse, Rettich, Brot usw., sorgen für die nötige Unterlage. Es gibt 2000 Sitzplätze und einen wunderschönen Gastgarten.
Augustinergasse 4
Tel. 3 12 46
Tgl. 15–22.30 Uhr
Buslinien 27, 29

Bazar Das Café Bazar steht auf einer einstigen kleinen Salzachinsel, die längst schon im begradigten Ufer verschwunden ist. Heute ist es eine Insel der Einkehr inmitten des Alltagstrubels. Es gehört einem Zweig der Familie Tomaselli und war Stammlokal von Hermann Bahr, Stefan Zweig, Hugo von Hofmannsthal und einigen Größen der Musik. Einem legendären Ober des Café Bazar ließ Bundeskanzler Julius Raab ein Ehrenzeichen für Verdienste um die Republik überreichen, was niemanden verwunderte, denn die Ober sind hier eben mehr als Bedienungspersonal. Das Haus bietet kleine Imbisse wie Schinkenfleckerl, Dukatenbuchteln, Topfenknödeln, Milchrahmstrudel. Der 1. Stock ist das Zentrum der Bridgespieler.
Schwarzstr. 3
Tel. 87 42 78
Tgl. 7.30–23 Uhr (So geschl., ausgenommen Festspielzeit)
Buslinien 5, 6, 49, 51, 55, 95

Grünmarkt Täglich gibt es vor der Kollegienkirche auf dem Universitätsplatz einen Markt mit frischem Obst und Gemüse, Würstelständen, Fisch, Käse, Brot usw. Ein Einkaufsmarkt mit viel Trubel. Samstags treffen sich hier die besseren Salzburger Kreise. Wer bunte Märkte liebt, kommt auf seine Kosten.
Universitätsplatz/Wiener-Philharmoniker-Gasse
Mo–Fr morgens bis Ladenschluß, Sa nur vormittags

Hagenauerstuben Imbiß nach dem Einkaufen, Snacks sowie Sekt- und Bierbar im Freien.
Universitätsplatz 14
Tel. 84 26 57
Mo–Sa 9–23 Uhr (So und Feiertage geschl.)

Der Blick vom Café Winkler auf die Stadt ist einzigartig

Krimpelstätter Dieser Gasthof ist schon 1548 unter dem Namen »Zum weißen Schwan« erwähnt worden. Wirt Günther Essl, ein leidenschaftlicher Jäger, führt mit seiner Frau ein Lokal, in dem heimatliche Kost und viel vom Wild angeboten werden. Eine Spezialität sind die hervorragenden hausgemachten Würste.
Müllner Hauptstr. 31
Tel. 3 22 74
Di–So 10–24 Uhr, Küche bis 22.30 Uhr
Buslinien 27, 29

Peterskeller Schon allein optisch ist der Besuch des Stiftskellers St. Peter, dessen Eigentümer die Mönche der Erzabtei St. Peter sind, ein Vergnügen. Die holzgetäfelten Stuben, die in den Fels geschlagenen Gasträume und der im Sommer stets kühle Hof unter dem Mönchsbergfelsen ergeben eine ausgezeichnete Atmosphäre. Wohl das älteste Wirtshaus Salzburgs.
St. Peter Bezirk
Tel. 84 12 68
Tgl. 9–24 Uhr, Küche bis 23 Uhr (im Winter Mo geschl.)

Schranne Die Schranne ist ein großer Lebensmittel-Wochenmarkt, den Gemüse- und Obsthändler aus Wien, der Steiermark und Oberösterreich sowie Bauern aus dem Umland beliefern. Dieser Markt ist immer voller Besucher, denn hier kaufen die Einzelhändler, die Restaurants und Gasthöfe ein. Kurz vor Schrannenschluß purzeln die Preise leicht verderblicher Güter, wie Erdbeeren oder Kirschen.
Rund um St. Andrä
Do früh bis 12 Uhr
Buslinien 1, 2, 5, 6, 15, 27, 29, 51, 55

Shakespeare Kunst und Kulinarisches. Der junge Wirt stellt sein Lokal Avantgarde-Künstern zur Verfügung, für die er eigene Vernissagen veranstaltet. Gleichzeitig ist das Lokal ein Treffpunkt junger Menschen, wobei es das Ziel des Besitzers ist, Küchenkultur mit vernünftigen Preisen in Einklang zu bringen.
Hubert-Sattler-Gasse 3
Tel. 87 38 38
Buslinien 1, 2, 5, 6, 15, 27, 29, 51, 55

SOG Der Ursprung aller Salzburger Studentenlokale, in der Blütezeit der studentischen Szene Anfang der 70er Jahre entstanden. Damals war das Lokal für viele ein zweites Zuhause, wo man bis in die frühen Morgenstunden bei heißer Rockmusik, von undurchdringlichen Rauchwolken umwabert, Schmalzbrot und Gulaschsuppe zu Sozialtarifen vertilgte. Legendär ist die »Rausschmeißer-Melodie« aus Paulchen Panther: »Wer hat an der Uhr gedreht, ist es wirklich schon so spät...« Nun hat eine neue, arrivierte Studentengeneration Einzug gehalten. Das SOG mit der Eierschachtel-Decke von einst ist nicht mehr. Gulaschsuppe wird nur noch der Originalität wegen zu Jubiläen kredenzt. Die Küche entspricht der einer studentischen Trattoria.

Erzabt-Klotz-Str. 21
Tel. 84 90 97
Tgl. 18–1.30 Uhr (So 18-0.30 Uhr)
Buslinien 5, 55

Tomaselli In diesem Kaffeehaus war schon W. A. Mozart zu Gast. Treffpunkt der Salzburger, wobei die Jugend entweder im hinteren Stüberl oder im 1. Stock residiert. Es gibt gut bestückte Zeitungsständer, und das Kuchenfräulein geht mit seinem Tablett von Tisch zu Tisch, um die Gäste zu »verführen«.
Alter Markt 9
Tel. 84 44 88
Tgl. 7–21 Uhr, So 8-20 Uhr; Garten manchmal geschl.

Winkler Das Café Winkler ist entweder über den Mönchsbergaufzug in der Gstättengasse 15 oder zu Fuß über den Mönchsberg auf wunderschönen Spazierwegen zu erreichen. Das Bauwerk, in dem auch das Spielcasino untergebracht ist, gilt als »Bausünde«. Im Vestibül ist das sogenannte Sattler-Panorama ausgestellt, ein topographisches Bild Salzburgs und seiner Umgebung, das Hubert Sattler von 1825–29 von einem Turm der Festung naturgetreu malte. Der Ausblick vom Café Winkler ist großartig. Die Tische sind stufenweise so angeordnet, daß der Blick durch die großen Panoramafenster, die im Sommer geöffnet werden können, frei ist. Dazu kommt eine exzellente, wenn auch teure Küche.
Am Mönchsberg 32
Tel. 84 12 15-0
Tgl. 11–24 Uhr (Mo, außer Festspielzeit, geschl., Di ab 14 Uhr geöffnet)

Zwettler's Für Leute, die nur schnell etwas trinken oder sich an österreichischer Küche ergötzen wollen. Treffpunkt vieler Studenten.
Kaigasse 3
Tel. 84 00 44
Tgl. 11.30–24 Uhr

Sehenswertes

Vorneweg ein Ratschlag für einen Spaziergang durch die Altstadt: Bleiben Sie ab und zu stehen, und lassen Sie die Augen schweifen. Schauen Sie sich in Ruhe die vielfältigen Fassaden der Häuser mit ihren alten schmiedeeisernen Geschäftsschildern an, die an den Hausmauern emporlaufenden Glockenzüge oder die Hohlkehlen, mit denen die Fassaden unter dem Dach enden. In ihnen sind oft die Jahreszahlen der Gründung der Häuser, die Namen der Besitzer, aber auch Zeichen, wie das Auge Gottes, aufgemalt. Beachten Sie die zahlreichen prächtigen Portale und Türen, und schauen Sie auch immer wieder dahinter, denn viele Innenhöfe und Durchgänge bieten mit ihren Arkaden und dem Blumenschmuck ein reizvolles Bild. Die zahlreichen Kirchen laden ebenfalls zur Besichtigung ein. Sie sind von früh morgens bis zur Dämmerung oder bis nach der Abendmesse durchgehend geöffnet.

Die gesamte Altstadt ist Fußgängerzone, dazu auf einer so kleinen Fläche zusammengedrängt, daß sie gut zu Fuß zu besichtigen ist. Wer dennoch nicht laufen will, dem sei ein Fiaker empfohlen, mit dem die Besichtigungsroute abgefahren werden kann. Touristen, die mit dem eigenen Auto anreisen, müssen außerhalb der Innenstadt parken. Die Parkgaragen im Mönchsberg sind ausgeschildert. Außerdem gibt es einen großflächigen Parkraum im Nonntal. Von dort fährt ein elektrobetriebener City-Bus direkt in die Altstadt (Fahrpreis sieben Schilling).

Alter Markt Hauptplatz der Bürgerstadt, umrahmt von alten Bürgerhäusern. Originell ist das kleinste Haus der Stadt: Zwischen Café Tomaselli und dem Nachbarhaus war eine Lücke geblieben, in die ein winziges Haus (Alter Markt 10 a) mit einem Stübchen und einem wasserspeienden Drachen an der Dachtraufe gebaut wurde. Zu beachten sind an den Häusern die eleganten Fassadengliederungen und die Portale. Zum Beispiel hat Haus Nr. 3, die Zentrale der »Salzburger Sparkasse«, einen geschwungenen Torbogen aus erlesenem Marmor und ein kostbar geschmiedetes Tor, das ursprünglich (1747) das bischöfliche Leihhaus schmückte. Im Haus Nr. 6 ist die ehemalige Fürsterzbischöfliche *Hofapotheke* aus der Zeit um 1760 sehenswert. Sie hat eine Rokokoeinrichtung mit geschnitzten und vergoldeten Aufsätzen aus Ranken- und Bandwerk. Verschiedenfarbige Holzbüchsen und Gefäße zeugen von der Gelehrsamkeit, mit der die Magister die Medikamente herstellten.

Die Platzmitte beherrscht der *Floriani-Brunnen*. Er wurde erstmals 1488 genannt, das Gitter und die Wappenschildchen stammen aber aus dem Jahr 1583, das Marmorbecken wurde im 17. Jh. erneuert. Das achteckige Becken ist eine liebevolle Steinmetzarbeit, die Gitter sind in kunstvollen Spiralen gewunden. Die Ranken enden in Dornen, aber auch in Groteskformen wie Steinböcken, Vögeln, Reitern, Köpfen. Über der Mitte jeder Seite hängen

Auslaufbecken, darüber Schildchen mit den Wappen des Landes Salzburg, des Erzbischofs Johann Jakob Kuen-Belasy und der Stadt. Die reichgeschmückte steinerne Brunnensäule trägt eine Skulptur des hl. Florian (1734). Am Haus Alter Markt 8 und am Nebenhaus, Brodgasse 13, sind an einzelnen Fenstern der barockisierten Fassaden gotische Maßwerkfenster freigelegt. Während der Alte Markt im großen und ganzen die Barockzeit dokumentiert, zeigt die Brodgasse die typische mittelalterliche, enge Stadtgasse, von der einst die ganze Bürgerstadt durchzogen war.

Bürgerspital Das ehemalige Pflegeheim für arme, alte und kranke Bewohner ist einer der schönsten Profanbauten der Stadt (1560 entstanden). Nach dem Eintritt durch die Toreinfahrt schmiegt sich auf der anderen Platzseite ein reichgegliederter Arkadentrakt an die hohe Mönchsbergwand. Fels und Bauwerk geben ein prächtiges Bild. Um genügend Platz zu gewinnen, wurden die einzelnen Pfründnerzellen (Zellen der Heimbewohner) vom Arkadengang weg in den Stein gehauen. Im Bürgerspital sind heute das Spielzeugmuseum und die Kunstgewerbesammlung des Salzburger Museums untergebracht (→ Museen und Gedenkstätten).
Die *Bürgerspitalkirche Sankt Blasius* ist eine dreischiffige, gotische Hallenkirche (1330–50). Sie erhält ihren Charakter durch eine Empore, die sich über das ganze Langhaus erstreckt. Dort war der Platz der Insassen des Altersheims. Sehenswert ist das gotische Sakramentshäuschen (1481). Der rechte Seitenaltar wurde von Paul Troger geschaffen.
Bürgerspitalplatz 2

Chiemseehof Erbaut 1305, erhielt 1700 seine heutige Gestalt und war bis 1807 Residenz der Fürstbischöfe von Chiemsee, die gleichzeitig Weihbischöfe von Salzburg waren. Seit 1861 ist hier der Sitz der Landesregierung und des Landtages. Bei Ausgrabungen wurde ein römisches Mosaik freigelegt.
Chiemseegasse
Mo–Fr 7.30–18 Uhr (Amtsstunden)

Christuskirche Die erste im Lande Salzburg erbaute evangelische Kirche, ein neogotischer unverputzter roter Ziegelbau, wurde 1863 begonnen und 1867 eingeweiht.
Schwarzstr. 25
Buslinien 1, 2, 5, 6, 27, 29, 51, 55

Dom und Domplatz Der heutige Dom ist der monumentalste Frühbarockbau diesseits der Alpen. Der erste Dom wurde im 8. Jh. erbaut, 1181–1200 entstand ein riesiges spätromanisches Münster, das 1598 nach einem Brand abgetragen wurde. 1614 begann Fürsterzbischof Marcus Sitticus einen Neubau nach Plänen von Santino Solari, der 1628 von seinem Nachfolger Fürsterzbischof Paris Lodron geweiht wurde. 1944 zerstörte eine Fliegerbombe die Kuppel, Wiederherstellung 1959. Aus unserer Zeit sind die drei mächtigen Bronzetore – links von Toni Schneider-Manzell, in der Mitte von Giacomo Manzù und rechts von Ewald Matarè geschaffen. Sie symbolisieren Glaube, Liebe, Hoffnung. Das Taufbecken stammt noch aus dem romanischen Dom – hier wurde auch Mozart getauft. Der Hochaltar zeigt links die Statue des hl. Rupert, rechts die des hl. Virgil – beide sind Patrone der Salzburger Kirche. Das Bild des Hochaltars ist die »Auferstehung« von Arsenio Mascagni. Im Dom liegen die prachtvollen Grabdenkmäler der Erzbischöfe. Die neue Domkrypta birgt die Gräber der Salzburger Bischöfe und zeigt Gemäuer der Vorläuferbauten. Im Fußboden des Krypta-Eingangs werden die Grundrisse der alten Dome im Verhältnis zum jetzigen gezeigt.

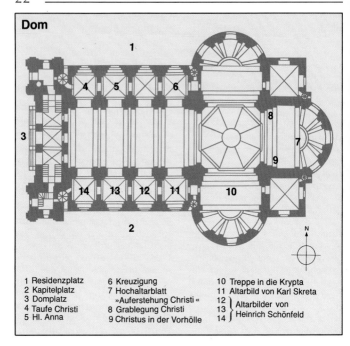

Dom

1 Residenzplatz
2 Kapitelplatz
3 Domplatz
4 Taufe Christi
5 Hl. Anna
6 Kreuzigung
7 Hochaltarblatt
  »Auferstehung Christi «
8 Grablegung Christi
9 Christus in der Vorhölle
10 Treppe in die Krypta
11 Altarbild von Karl Skreta
12 ⎫
13 ⎬ Altarbilder von
14 ⎭ Heinrich Schönfeld

Herrlich ist die eindrucksvolle Marmorfassade des Domes. Der Statuenschmuck der Fassade ist ein Programm: Unten, neben den Portalen, stehen die Vertreter der Landeskirche, der hl. Rupert, Gründer der Salzburger Kirche, mit dem Salzfaß und der hl. Virgil, Erbauer des ersten Domes, mit dem Dommodell. Bildhauer war Bartlmä Opstal (um 1600). Innen stehen die Apostel der Weltkirche, der hl. Petrus mit den Schlüsseln und der hl. Paulus mit dem Schwert von Michael Bernhard Mandl (1697–98). Im Mittelgeschoß der Fassade sehen Sie die vier Evangelisten, am Giebel Moses und Elias als Zeugen des Alten Testaments. Über allen thront Christus als der Retter der Welt. Die Figuren stammen von Tommaso Garona.
Mo–Sa 6.30–17 bzw. 18 Uhr, So 8.30–17 bzw. 18 Uhr

Von der Vorhalle des Domes aus ist der Eingang in das Dommuseum über die rechte Stiege zu erreichen (→ Museen und Gedenkstätten).
Domplatz: Durch die Domarkaden und die Fassaden der Residenz sowie der Erzabtei St. Peter bietet der Domplatz einen eleganten, geschlossenen Anblick. Unter dem Platz liegt das Domgrabungsmuseum (→ Museen und Gedenkstätten), in der Platzmitte steht die *Mariensäule* mit Bleiplastiken der Brüder Hagenauer (1771 vollendet). Seit 1920 finden hier die »Jedermann«-Aufführungen statt, weshalb der Platz im Juli und August mit Bühnen und Tribünen verbaut ist.

Dreifaltigkeitskirche Erster Kirchenbau Fischer von Erlachs in Salzburg (1694–1702). Konkave Fassade mit Figuren von M. B. Mandl und

Kuppelfresko von J. M. Rottmayr. An der Kirche sind beidseitig die Flügel des erzbischöflichen Priesterseminars angebaut.

Makartplatz
Buslinien 2, 15, 27, 29

Festspielhäuser Die drei wesentlichen Aufführungsstätten der Festspiele grenzen aneinander und sind zu einer Einheit verbunden: das Kleine Festspielhaus, die Felsenreitschule und das Große Festspielhaus. Sie sind nur 200 m vom Domplatz entfernt. Erzbischof Wolf Dietrich erbaute zu Anfang des 17. Jh. am Fuß des Mönchsbergs den Hofmarstall. Mitte des 17. Jh. fügte Erzbischof Guidobald Graf Thun eine Sommer- und eine gedeckte Winterreitschule an. In den folgenden zwei Jh. fanden sie auch andere Verwendung, bis Mitte der 20er Jahre unseres Jh. die Festspiele einzogen. Ihre heutige Ausprägung bekamen die Festspielhäuser im wesentlichen durch den Architekten Clemens Holzmeister, der 1956 das Große Festspielhaus an und in die Mönchsbergwand errichtete. 1962/63 wurde das Kleine Festspielhaus von den Architekten Erich Engels und Hans Hofmann umgebaut.
Kleines Festspielhaus: Gesamtlänge 160 m, 1323 Sitzplätze, 60 Stehplätze. Eingang durch das Brunnenfoyer mit einem um 1700 von dem Barockbildhauer Andreas Götzinger geschaffenen Wandbrunnen, der ursprünglich im bischöflichen Marstall angelegt worden war. Es schließt sich das Faistauerfoyer an, 1926 mit Fresken ausgeschmückt, deren Themen von allegorischen Figuren über die antike Sagenwelt und Schauspielszenen bis zu religiösen Darstellungen reichen. 1938 als »entartete Kunst« abgenommen, wurden die Fresken 1956 mühsam wieder angebracht und restauriert. Vor dem Zuschauerraum eine Orpheus-Plastik von Alfred Hrdlicka,

ein Gobelin von Oskar Kokoschka mit Sonne und Mond als Motiv. Im Wandelgang Büsten von Hugo von Hofmannsthal und dem Dirigenten Wilhelm Furtwängler. Der daneben gelegene »Stadtsaal« ist Pausenraum, aber auch festlicher Rahmen für Empfänge und Veranstaltungen. Er wurde 1660 als Winterreitschule erbaut. Das fast 600 qm große Deckengemälde mit dem Titel »Türkenstechen« gehört zu den größten Fresken Österreichs. 1690 hatte der Hofmaler Johann Michael Rottmayr den Auftrag zum Malen dieser Decke erhalten.
Felsenreitschule: Bühnenbreite 30 m, 1549 Plätze. Erzbischof Guidobald Thun ließ die Felsenreitschule aus dem Felsen des Mönchsberg hauen. In 96 Arkaden, dreigeschossig übereinander angelegt, fand das Publikum Platz. Max Reinhardt entdeckte die Felsenreitschule als Spielstätte, legendär ist die 1933 von Clemens Holzmeister errichtete »Faust-Stadt«, das Bühnenbild für eine Inszenierung von Goethes »Faust«.
Großes Festspielhaus: Die Breite der Bühne beträgt maximal 78 m, die Tiefe maximal 23 m, 2170 Sitzplätze. 1956 wurden 55 000 m^3 Konglomeratgestein abgetragen, um Platz für das Bühnenhaus zu schaffen. 1960 wurde das Festspielhaus eröffnet. Ein Wunderwerk der Technik, aber auch optisch hervorragend. Wer an Theaterzauber halbwegs interessiert ist, sollte einen Blick hinter die Kulissen wagen. Achten Sie im Foyer auch auf die Plastiken von Wander Bertoni, Arno Lehmann und Rudolf Hoflehner sowie auf die Gobelins von Oskar Kokoschka und Wolfgang Hutter.

Hofstallgasse 1; Tel. 80 45-0
Besichtigungen (außer Festspielzeit):
Eintritt 30 öS, Kinder, Studierende und Senioren 15 öS, Führungen nur ab 300 öS
Buslinien 1, 2, 15, 29, City-Bus

Festung Hohensalzburg Vom Kapitelplatz aus sind es nur wenige Schritte bis zur Festungsbahn. Hier beginnt auch der Fußweg auf die Hohensalzburg. Die kurze, steile Bahnfahrt ermöglicht einen Blick über die Stadt, auf Dächer und Kirchenkuppeln. Mühsam, aber noch schöner ist der Fußweg, denn man sieht, wie unbezwingbar in früheren Jahrhunderten die Festung Hohensalzburg war, deren riesige Mauern sich in mehreren Wällen um das Bollwerk ziehen.

Der erste Sperrbogen ist das Schartentor mit der Bastion »Die Katze«, im Dreißigjährigen Krieg unter Erzbischof Paris Lodron von Dombaumeister Solari errichtet. Der Bogen trägt das Wappen Paris Lodrons. Der zweite Sperrbogen aus dem Jahr 1513 trägt das Rübenwappen von Erzbischof Leonhard von Keutschach. Weil er den Hauptteil der Festung errichten ließ, ist es oft zu sehen. Der dritte Sperrbogen mit dem Bürgermeisterturm steht unmittelbar an der 30 m hoch aufragenden Kuenburgbastei, dann erst folgen der Burggraben und das vierte Tor, die Roßpforte. Der Weg geht unter dem »Reißzug« hinweg, der seit 1504 dem Materialtransport vom Nonnberg auf die Festung diente und durch fünf Tore geschützt war. Durch die Roßpforte kommt man in den äußeren Burghof. Man sieht sofort, daß jahrhundertelang an der Festung hinzugebaut worden ist. Dennoch entstand eine Einheit: Da sind die riesigen Zeughäuser, der Schüttkasten, das Arbeitshaus, die Rüstkammer. Neben dem Arbeitshaus führt ein Tor durch den Geyerturm auf die Hasengraben-Bastionen. Die ehemalige Geschützkasematte ist heute Wirtshaus – Zeughaus und Pulverturm sind Wirtsstuben.

Durch das Geyertor gelangt man in den Schloßhof, in dem das innere Schloß aufragt, früher von einem tiefen, in den Fels gesprengten Graben gesichert. Im Hof steht das 1672 erbaute Kaplanstöckl. Eine Rampe führt zum Großen Platz mit einer riesigen Linde, daneben eine rotmarmorne Zisterne mit der Jahreszahl 1539. Erzbischof Leonhard von Keutschach hat sich hier ein Denkmal gesetzt: An der Außenseite der spätgotischen Georgskapelle ist ein Marmorrelief des Bischofs in vollem Ornat angebracht. Die *Kirche der Festung*, 1502 gebaut, ist dem hl. Georg geweiht. Das Netzgewölbe der Decke ist eine spätgotische Meisterarbeit, an den Innenwänden befinden sich Reliefs der zwölf Apostel. Der Hochaltar stammt aus dem Jahr 1776. Beim Trompeterturm springt ein Erker vor, der das Hornwerk mit dem »Salzburger Stier« beherbergt. Die dazugehörige Walzenorgel besitzt 200 Pfeifen. Den Namen hat die Orgel von dem stierähnlichen Grölen, mit dem jedes Stück des Hornwerkes schließt.

Ein tiefer Graben trennt das innere Schloß vom Großen Platz. Um den Hohen Stock mit den fürstlichen Wohnräumen zieht sich zusätzlich eine Ringmauer, die früher durch eine Zugbrücke gesichert war, so daß eine Festung in der Festung entstand. Hinter dem Tor liegt der innerste Schloßhof, hier waren Bäckerei, Küche und ein Selchkamin. An der Mauer des Hohen Stocks findet sich ein Relief des Rupertus. Der vorspringende feingliedrige Erker der Leonhardskapelle zeigt den kunstvollsten Teil der Festung. Ein Tor führt in den Feuergang mit Geschützscharten, es folgt eine tiefe Nische mit einem Zisternenbrunnen, gegenüber ragt als höchster Turm der Glockenturm auf. Eine kleine Tür öffnet sich zu einer Art Balkon, von dem heute eine steile Treppe zur Bergstation der Festungsbahn führt. Der Weg geht vom Glockenturm weiter zum Reckturm, wo die Führung (Kasse im alten Salzmagazin) durch die Fürstenräume beginnt.

Die Führung leitet die Besucher zu den Foltervorrichtungen im Turm, dessen Plattform ein Rundpanorama freigibt. Durch Wehrgänge gelangt man zum Stier und in die Fürstenzimmer. Auf rotem und blauem Grund prangen an den Wänden Menschen- und Tiergestalten, übersät von Rankenwerk, die Decken tragen Wappenreliefs. In der Ecke steht der schönste Kachelofen, den Österreich aus der Zeit der Spätgotik besitzt: das Werk eines Salzburger Meisters. Im Goldenen Festsaal tragen Marmorsäulen eine bunte Holzdecke, ein Fries zeigt die Wappen des Reiches, der Kurfürsten, der Bistümer, des Metropolitanbezirkes, der Stifte und der Salzburger Adeligen in Diensten des Erzbischofs. Eine der Marmorsäulen ist schadhaft – hier schlug 1525 eine Kugel ein, als die Bauern die Festung belagerten. Aus dieser Zeit stammt die Legende von den »Stierwaschern«. Nahrung war knapp geworden auf der Festung. Um die Belagerer irrezuführen, hatte man auf einer der Bastionen täglich denselben Stier spazierengeführt, mal braun-, mal schwarz- und mal weißgescheckt bemalt. Zusätzlich zu den »Fürstenzimmern« können das Burgmuseum des Museums Carolino Augusteum sowie das Museum der »Rainer« mit der Geschichte des Salzburger Hausregiments besichtigt werden.

Die Baugeschichte der Festung reicht bis 790 zurück. Schon damals soll hier eine Anlage gestanden haben, wo genau ist jedoch nicht geklärt. Die erste genaue Erwähnung der Festung stammt von 1077, als Erzbischof Gebhard während des Investiturstreits die Stadt befestigte. Die wichtigsten Bauphasen: 1130 Hoher Stock, 1420 die viereckigen Türme, 1465 die runden Türme, 1484 Schüttkasten, ab 1501 Fürstenzimmer, 1505 Roßpforte und Reißzug, 1530 Nonnbergbastei, 1561 Wehrgang, 1566 Feuergang und Ställe, 1681 Feuerbastei.

Am Mönchsberg 34
Tel. 80 42-21 23 oder 80 42-21 33
Öffnungszeiten: Okt.-März 10-16.30; April-Sept. 9.30-18.30 Uhr
Eintritt in das Burggelände: Erw. 20 öS, Kinder 10 öS
Besichtigung mit Führung: Erw. 25 öS, Kinder 10 öS
Festungsbahn

Fischbrunnen Gegenüber dem Festspielhaus am Eingang zum kleinen Furtwängler-Park steht der Fischbrunnen (1620). Er zeigt einen »Wassermann«, einen jener wilden Männer, die mit einem entwurzelten Baum in der Hand als Schildträger von Fürstenwappen verwendet wurden. Dieser erzene Wilde trägt das Salzburger Stadtwappen.

Florianibrunnen → Alter Markt

Franziskanerkirche Diese Kirche hat europäische Bedeutung und ist stilgeschichtlich der interessanteste Kirchenbau Salzburgs. Im 8. Jh. gegründet, wurde sie 1139 Pfarrkirche. 1167 durch Brand zerstört. 1223 entstand ein romanisches, basilikales Langhaus, dem 1408–60 von Hans von Burghausen und Stephan Krumenauer ein spätgotischer Hallenchor angefügt wurde. Erzbischof Wolf Dietrich ließ für sich und Salome Alt von der benachbarten Residenz aus die Wand aufbrechen und ein Renaissance-Gebetsoratorium einbauen. In den Hochchor setzte man einen barocken Kapellenkranz ein. Der ursprünglich gotische Hochaltar wurde von Fischer von Erlach 1709 barockisiert, die gotische Madonna Michael Pachers (um 1495) blieb aber erhalten. In der Kirche wurden Teile der alten Bemalung aus gotischer Zeit freigelegt. Der Marmoraltar von 1561 hinter dem Hochaltar stammt aus dem alten romanischen Münster. Das romanische Portal entstand um 1220. Eingänge: Sigmund-Haffner-Gasse und Franziskanergasse.

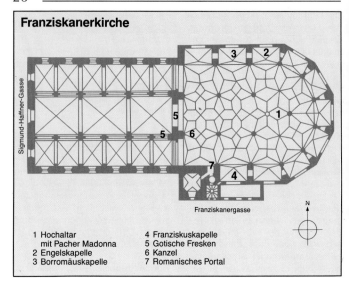

Franziskanerkirche

1 Hochaltar
   mit Pacher Madonna
2 Engelskapelle
3 Borromäuskapelle
4 Franziskuskapelle
5 Gotische Fresken
6 Kanzel
7 Romanisches Portal

Getreidegasse Die alte Hauptstraße der Stadt, durch deren Enge einst der gesamte Verkehr führte. Fast das ganze Jahr über herrscht hier beängstigendes Gedränge von Menschen, was aber den Besucher nicht davon abhalten sollte, sich die einzelnen Häuser genau anzusehen, vor allem die eisernen Aushängeschilder der Gasthöfe, Geschäfte und Werkstätten. Typisch für die Häuser sind die vom 1. Stock an kleiner werdenden Fenster, die wunderschönen Hausportale, z. B. das Barockportal von Haus Nr. 9, Mozarts Geburtshaus, oder von Nr. 29. Beachtenswert sind auch die Türen und Marmorfliesen, die Steinstiegen mit Kugelpostamenten (Nr. 9 und 47) oder mit Volutenabschluß (Nr. 4), die Gitterverzierungen an Türen, die Stiegengeländer, marmornen Türstöcke und Fensterbänke. All dies sind Details einer soliden und zugleich liebevollen Ausgestaltung der Häuser.

Die Bauten sind sehr schmal, doch keinesfalls winzig, denn sie erstrecken sich auf beiden Seiten der Gasse in die Tiefe und bilden sogenannte »Durchhäuser«. Die beiderseits parallel laufenden, straßenseitigen Häuser zur Griesgasse und zum Universitätsplatz waren ursprünglich nur über die Durchhäuser von der Getreidegasse her zu erreichen. Diese miteinander verbundenen Häuser haben zur städtebaulichen Charakteristik entscheidend beigetragen. Die Durchhäuser mit ihren kleinen Läden sind einen Besuch wert: Jeder Hof ist für sich ein Kunstwerk. Achten Sie auf die Säulen, Wölbungen und Kapitelle, die profilierten Gesimse, Voluten und Bänderreliefs, auch auf die Tonnengewölbe und die Marmorbrüstungen. Jedes dieser Handelshäuser war das Reich eines Patriziers. Begehbar sind die Höfe Nr. 3, 7, 13, 20, 22, 23, 24, 25, 28, 38. Im Hof des Hauses Nr. 3 verkündet eine Gedenktafel: »In diesem Hause arbeitete der deutsche Sozialistenführer August Bebel als Drechslergehilfe 1859–1860.«

Die Mitte der Getreidegasse öffnet sich zu einem Platz, der nach der Kaufmannsfamilie Hagenauer benannt ist. Hier steht Mozarts Geburtshaus (Nr. 9), in dessen Gewölbe die ehemalige Hagenauer'sche Spezereiwarenhandlung weitergeführt wird (→ Mozarts Geburtshaus). Gegenüber dem Geburtshaus Mozarts wird der Hagenauerplatz durch den Löchlbogen abgeschlossen. Innerhalb des Torbogens haben sich winzige Geschäfte niedergelassen, z. B. ein Uhrmacher und das Käsespezialgeschäft »Kaslöchl«.

Glockenspiel Erzbischof Johann Ernst Graf Thun kaufte es 1702 bei dem Antwerpener Glockengießer Melchior de Haze. Monatlich wechseln die Weisen – eine Tafel an der Eckfassade der Residenz gegenüber dem Alten Markt zeigt an, welches Musikstück gerade auf dem Programm steht.
Glockenspiel um 7, 11 und 18 Uhr (→ Magazin)
Mozartplatz 1
Tel. 80 42-26 81

Besichtigungen um 10.45 Uhr und 17.45 Uhr
Führungen ab 3 Personen
1. Nov.–15. März, So und bei Regen keine Führungen
Erw. 20 öS, Kinder 10 öS

Gstättengasse Als die Salzach noch unreguliert floß, war die Gstättengasse als Fortsetzung der Getreidegasse die Hauptverkehrsstraße nach Westen. Heute beherbergt diese Gasse vor allem Antiquitätenläden und Gaststätten. Beginn und Ende der Gstättengasse markieren zwei Stadttore. Das *Gstättentor* wurde von Erzbischof Marcus Sitticus erneuert, der sein Wappen mit dem Steinbock anbrachte. Gleich daneben liegt das älteste erhaltene Geschäft, eine Bäckerei, die seit 1429 ihr Aussehen beibehalten hat.
Die Gstättengasse wirkt beengt durch den steil aufragenden Mönchsberg, dessen Felsmassiv größtenteils überhängt. Die Häuser sind direkt an den Felsen gebaut, z. T. sogar in die Wand hinein. Im 17. Jh. starben zahlreiche Men-

Die Franziskanerkirche – Gotteshaus mit 1100jähriger Geschichte

schen durch schwere Felsstürze. Seither gibt es den Beruf des Bergputzers. Jährlich nach der Schneeschmelze werden Männer an Seilen an den Stadtbergen herabgelassen, um die Felswände abzuklopfen und lockeres Gestein zu lösen. Inmitten der Gasse ist der Zugang zum Mönchsbergaufzug. Den Abschluß der Gstättengasse bildet das *Klausentor*, eines der alten Stadttore, gleichfalls von Marcus Sitticus erneuert. Vor dem Schleifen der Bastionen im 19. Jh. besaß Salzburg elf solcher Tore.

Hellbrunn Ungefähr 6 km südlich von Salzburg, hinter Morzg, liegt Hellbrunn, ein frühbarockes *Lustschloß*, 1612–15 von Santino Solari für Fürsterzbischof Marcus Sitticus erbaut. Das heutige »Fest in Hellbrunn« vermittelt kaum, welch rauschende Feiern das Lustschloß früher erlebt hat (→ Feste, Festspiele, Messen). Sehenswert sind der achteckige Festsaal mit Wand- und Deckenmalereien von Arsenio Mascagni. Berühmtheit haben die ausgefallenen *Wasserspiele* als Teil des ausgedehnten barocken Ziergartens, das mechanische Theater (1750) und der steinerne Tisch erlangt, in dessen mittlerer Vertiefung Wasser zur Kühlung des Weines fließt. Jeder der Steinhocker ist mit einem nicht sichtbaren Rohr verbunden, aus dem daumendicke Wasserstrahlen schießen. Auch aus anderen verborgenen Öffnungen springt Wasser hervor – nur der Sitz des Erzbischofs blieb trocken. So konnte der Würdenträger manch launige Gesellschaft durch eine kalte Dusche ernüchtern. Sehenswert sind das *Monatsschlößl* (1615), das seit 1924 das Salzburger *Volkskundemuseum* beherbergt, und das Steintheater, in dem 1617 die erste Oper im deutschsprachigen Raum aufgeführt wurde. In den weiten Parkanlagen sind erholsame Spaziergänge möglich. Übergang zum

Tiergarten Hellbrunn, einem sehenswerten Alpenzoo an der Felskante des Hellbrunner Berges. Tel. 82 03 72

Schloß, Wasserspiele, Volkskundemuseum:
April–Okt. 9–17 Uhr; sonst 9–16.30 Uhr; Juli und Aug. 7–22 Uhr stündliche Abendführungen
Erw. 48 öS, Kinder 24 öS

Volkskundemuseum im Monatsschlößl:
Erw. 15 öS, Kinder 10 öS

Tiergarten Hellbrunn:
Tel. 82 01 76
April–Sept. 8.30 Uhr bis eine Stunde vor Einbruch der Dunkelheit; Okt.–März 9–17 Uhr
Erw. 35 öS, Kinder 15 öS
Buslinie 55

Herrnau Wer an zeitgenössischem Kirchenbau interessiert ist, sollte die 1958–61 errichtete Pfarrkirche, ein amphitheaterartiges Halbrund mit freistehendem Glockenturm, besuchen.
Erentrudisstr.
Buslinien 51, 95

Hofapotheke → Alter Markt

Hofmarstallschwemme Die »Pferdeschwemme« wurde 1695 vermutlich nach Entwürfen von Fischer von Erlach errichtet. Achten Sie auf die mit Pferdegemälden versehene Schauwand als Verkleidung eines ehemaligen Steinbruchs und die Figur des Rossebändigers von M. B. Mandl.
Sigmundsplatz
Buslinien 1, 2, 15, 29 und City-Bus

Judengasse Die Judengasse, die Fortsetzung der Getreidegasse nach Süden, ist ebenfalls eine quirlige Geschäftsstraße. Ihr Name weist darauf hin, daß sich nahe am Zentrum der Bürgerstadt sehr früh die ersten Juden in der Stadt niedergelassen haben. An der Stelle des Gasthofs »Höllbräu«, früher eine

Brauerei, stand bis 1415 die erste Synagoge inmitten des Gettos. Je nach Toleranz des Landesherrn wurden die Juden mal gefördert, mal verfolgt oder vertrieben. 1604 gab es unter der Anschuldigung des Hostienfrevels ein Pogrom mit einer Massenhinrichtung. Auch in der Judengasse ist die Reihe alter Bürgerhäuser bemerkenswert.

Kajetanerkirche (Spital der Barmherzigen Brüder) Letzter italienischer Kirchenbau in Salzburg, 1685–1700 von Gaspare Zuccalli errichtet. Paul Troger schuf das Kuppelfresko sowie die Gemälde des Hoch- und des rechten Seitenaltars; linker Seitenaltar von J. M. Rottmayr.
Kajetanerplatz

Kapitelplatz Auf diesem Platz ist ständig Bewegung. Hier musizieren fahrende Musikanten, Marktstände bieten Brezeln und Souvenirs feil, ein Freiluftschachspiel ist im Gang. Von dem Musikantenvölkchen sind oft sehr gute Darbietungen zu hören, denn Studentinnen und Studenten der Musikhochschule, aus lauter Freude oder um ein Zubrot zu verdienen, bereichern die Szene. Außerdem werden viele ausländische Gruppen von der Musikstadt angezogen. Vom Kapitelplatz aus hat man einen der schönsten Blicke auf die emporragende Festung. Seinen Namen hat der Platz von den umliegenden Bauten, den alten Häusern des Domkapitels, deren früherer Getreidespeicher heute eine Garage ist. Davor einer der begehrtesten Fotopunkte: die Kapitelschwemme, 1732 unter Fürsterzbischof Leopold Anton Firmian erbaut.

Kapuzinerberg und Kapuzinerkloster Obwohl mitten in der Stadt gelegen, ist der Kapuzinerberg nie stark besucht: Der steile Anstieg ist den Zeitgenossen zu beschwerlich. Er ist eine Oase der Ruhe mit herrlichen Wanderwegen. Schon in der ältesten Stadtdarstellung, der 1493 erschienenen Schedelschen Weltchronik, ist das sogenannte Trompeterschloß als Verteidigungsanlage und ebenbürtiges Pendant der damals noch kleinen Festung Hohensalzburg zu sehen. Erzbischof Wolf Dietrich baute dieses Schloß 1594 für die in das Land gerufenen Kapuzinermönche um. Der Hauptweg auf den Berg führt durch das Haus Linzer Gasse 14 (man beachte das rundbogige Portal und das Relief des betenden Franziskus, 1617). Der teilweise mit Bohlen befestigte Fahrweg über den Kalksteinfelsen ist die einzige Auffahrt für die Anrainer. Daneben läuft ein steinerner Treppenweg aus dem 18. Jh., gesäumt von sechs Kapellen, in denen das Leiden Christi dargestellt ist.
Auf halbem Wege durchquert der Weg die Felix-Pforte, Teil der Bergbefestigung von 1632. Bergauf liegt auf der linken Seite das Paschinger Schlößchen, das in der Zwischenkriegszeit Stefan Zweig gehörte.
Das Kapuzinerkloster ist ein weitläufiges Areal. Prunkstück der Kirche sind die inneren gotischen Türflügel mit Bildern der Apostel, von Maria und Johannes dem Täufer aus dem Jahr 1470, die vermutlich aus dem alten Dom stammen. Am Kloster vorbei, längs der Lodronschen Befestigungsmauer, führt ein Spazierweg zur Hettwer-Bastei mit der schönsten Stadtaussicht, wo zahllose Gemälde Salzburgs entstanden. Der Abstieg zur Stadt ist auch über eine steile und lange Treppe möglich, vorbei an der kleinen St.-Johann-Kirche am Imberg, die schon 1319 erwähnt wurde.

Kapuzinerkirche → Kapuzinerberg und Kapuzinerkloster

Katakomben → Sankt-Peter-Bezirk

Klausentor → Gstättengasse

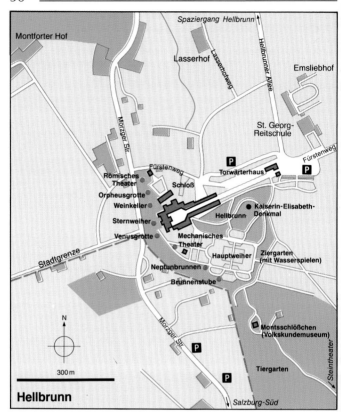

Hellbrunn

Kollegienkirche Das Meisterwerk Fischer von Erlachs, 1696–1707 erbaut und als Universitätskirche der Unbefleckten Empfängnis Mariä geweiht, ist eine Synthese großer Architektursysteme. Der edle Bau ist bestimmt durch den stark vorschwingenden Mittelteil der Fassade und die flankierenden Türme. Von einem massiven Unterbau ausgehend, wird die Gliederung nach oben leichter und endet in originellen Turmhelmen. Es handelt sich dabei um eine Verherrlichung der Muttergottes durch die Architektur. Das ist kein Zufall, denn in Verehrung und theologischer Disputation nahm die Salzburger Universität eine wesentliche Stellung ein. Die Altarbilder von J. M. Rottmayr sind den Patronen der Salzburger Universität, dem hl. Benedikt und dem hl. Karl Borromäus, geweiht. Die Skulpturen stammen von Meinrad Guggenbuchler und J. A. Pfaffinger, die Fassade mit diademartigen Turmabschlüssen von M. D. Mandl. Universitätsplatz

Leopoldskron Das Schloß ist der bedeutendste Rokokopalast des Landes, 1436 erbaut von Fürsterzbi-

schof Leopold Anton Graf Firmian. Ein schöner Park mit einem großen Schloßteich. Das Schloß wurde von Max Reinhardt erworben, der hier in den späten 20er Jahren bis 1938 mit seiner Frau Helene Thimig rauschende Feste inszenierte. Heute Sitz einer amerikanischen Schule. Besichtigung nur an Tagen der »offenen Tür«
Leopoldskronstr. 58
Buslinie 15

Marienbrunnen Auf dem Anton-Neumayr-Platz, in Richtung der Gstättengasse, ließ Erzbischof Johann Ernst Thun 1692 den lieblichen Marienbrunnen aufstellen.

Mariensäule → Dom und Domplatz

Markus-Kirche Die ehemalige Ursulinenkirche, wie sie im Volksmund noch immer heißt, wurde 1699–1705 nach Plänen Fischer von Erlachs erbaut.
Ursulinenplatz
Buslinie 27

Mirabell Der ursprüngliche Name war »Altenau«, da das Schloß von Fürsterzbischof Wolf Dietrich für seine Lebensgefährtin, die Bürgerstochter Salome Alt, errichtet wurde. Lukas von Hildebrandt baute das Schloß 1721–27 um, nach dem großen Stadtbrand von 1818 wurde es schlichter wiederhergestellt. Sehenswert ist die marmorne Monumentaltreppe (»Engelsstiege«) mit Skulpturen von Georg Raphael Donner. Der Marmorsaal des Schlosses hat als »schönster Trauungssaal der Welt« Berühmtheit erlangt. Abends finden hier Konzerte statt. Das Schloß ist Sitz des Bürgermeisters. Weithin bekannt ist der gepflegte Mirabellgarten (→ Spaziergänge) als vorbildliche barocke Gartenanlage. Bemerkenswert sind die Statuengruppen nach Vorbildern der griechischen Mythologie, Mar-

morvasen nach Entwürfen Fischer von Erlachs und der »Zwerglgarten« mit steinernen Zwergen und Groteskfiguren, wie sie in der Barockzeit üblich waren. Das Heckentheater ist das älteste Naturtheater diesseits der Alpen. Der »Bastionsgarten« zeigt noch alte Befestigungsmauern. Die Schloßkirche ist Pfarrkirche der altkatholischen Religionsgemeinschaft. Im Nebenhof liegen die Zugänge zu einer kleinen Orangerie und zum Barockmuseum (→ Museen und Gedenkstätten). Im Park finden im ehemaligen Vogelpavillon ständig Ausstellungen zeitgenössischer Maler statt.
Besichtigung des Marmorsaals:
Mo 7.30–18 Uhr, Di und Fr 12–16 Uhr, Mi und Do 7.30–18 Uhr
Freier Eintritt, keine Führung
Buslinien 1, 2, 5, 6, 27, 29, 51, 55

Mönchsberg Ein Spaziergang über den Mönchsberg zählt zu den großen Erlebnissen eines Salzburg-Besuches. Sie haben die Wahl zwischen drei Wegen: vom Mönchsbergaufzug zum Café Winkler, vom Toscaninihof über die Holzmeisterstiege oder – dies ist der schönste Weg – vom Kapitelplatz an der Festungsbahn vorbei über den Festungsberg. Man kann auch mit der Festungsbahn zur Mittelstation fahren und hinüber zur Richterhöhe wandern. Von dieser südlichen Ausbuchtung des Berges ist der Blick auf die Festung und über das Leopoldskronermoor zum Untersberg frei. Achten Sie auch auf die Türme der Befestigungen und die alte Bürgerwehr. Der Weg zum Steilhang gegen die Altstadt bietet immer neue Stadt- und Fernsichten. Die Humboldt-Terrasse, ein auskragender Felsen, gewährt einen großartigen Ausblick.

Mozart-Denkmal Die Stadt Salzburg stellte 1842 das von Ludwig von Schwanthaler geschaffene Monument auf, vor dem sich Besucher

mit Vorliebe abbilden lassen. Beim Ausheben für das Fundament fanden sich Reste eines römischen Mosaiks: »HIC HABITAT (FELICITAS) NIHIL INTRET MALI« (Hier wohnt das Glück, nichts Böses trete ein).
Mozartplatz

Mozart-Grab Wolfgang Amadeus Mozart wurde in Wien begraben. Doch sein Vater Leopold Mozart ist in einem Erdgrab (Nr. 216) auf dem Sebastiansfriedhof beigesetzt. Das Grab liegt am Weg vor der Kapelle in der Mitte des Friedhofs. Dort sind auch Constanze, die Frau Wolfgang Amadeus Mozarts, ihr zweiter Mann sowie die Tante von Constanze, Genofeva von Weber, die Mutter Carl Maria von Webers, bestattet (→ Sebastiansfriedhof).
Linzer Gasse 41
Eingang neben der Sebastianskirche
Tgl. 7–19 Uhr
Buslinien 1, 2, 5, 6, 27, 29, 51, 55

Mozarts Geburtshaus Hier wurde der große Komponist am 27. Januar 1756 geboren. Das Haus fand schon 1408 urkundliche Erwähnung, 1703 erwarb es der Kaufmann Hagenauer. Zwischen ihm und Mozarts Eltern entstand ein freundschaftliches Verhältnis. Die Wohnung der Mozarts lag im 3. Stock, heute als Museum eingerichtet. Hier schenkte Anna Maria Mozart ihrem Gatten Leopold in acht Jahren sieben Kinder, von denen nur zwei überlebten. Das Haus besitzt an der Seite zum Universitätsplatz noch die ursprüngliche Rokokofassade, während in der Getreidegasse Mitte des 19. Jh. eine klassizistische Fassade errichtet wurde. Sehenswert ist das Portal mit dem Medaillon einer Heiligendarstellung um 1730 (→ Museen und Gedenkstätten).
Getreidegasse 9

Mozarts Wohnhaus Hier wohnte die Familie Mozart von 1773–87. Durch Bombenschaden ist nur ein Teil des Hauses mit Portalaufgang und dem »Tanzmeistersaal« erhalten. Seit 1981 Museum, in dem Gegenstände aus Mozarts Leben und Schaffen der Jahre 1773–80 gezeigt werden. Hier finden auch Konzerte statt (→ Museen und Gedenkstätten).
Makartplatz 8
Buslinien 1, 2, 5, 6, 27, 29, 51, 55

Müllner Kirche Pfarrkirche seit 1461. Wurde 1605 den Augustinereremiten übergeben und kam 1835 in den Besitz der Benediktinerabtei Michaelbeuern. Ein einfacher spätgotischer Saalbau, den Erzbischof Wolf Dietrich 1553 erneuern ließ; seine Brüder stifteten zu beiden Seiten des Kirchenschiffes Kapellen. Dem im Kern gotischen Turm wurde 1674 ein barocker Helm aufgesetzt. 1708 erhielt die Stiegenhalle ihre heutige Fassung, 1735–38 wurde die Kirche mit barockem Stuck ausgeschmückt. Sehenswert ist vor allem die Stiegenhalle mit Bildern der Heiligen Dreifaltigkeit und des Schutzengels von Martin Johann Schmidt, genannt Kremserschmidt. Der Künstler des Pietàbildes neben dem Eingang ist Paul Troger.
Augustinergasse 4
Buslinie 27

Neutor Auch Sigmundstor genannt nach dem Auftraggeber Erzbischof Sigismund Schrattenbach, der 1764 den Ingenieur Elias von Geier mit dem Durchstich eines Stollens durch den Mönchsberg betraute. Dieses Felsentor ist 123 m lang und 12 m breit. Der Stein wurde in Handarbeit aus dem Berg geschnitten. Der Stollen steigt allmählich gegen den Stadtteil Riedenburg an, so daß er natürliches Licht erhält. Die Brüder Johann Baptist und Wolfgang Hagenauer gestalteten das Tor: Stadtauswärts trägt das Portal das Wappenschild des Erzbischofs als antiker Krieger mit Helm, Kommandostab und Palmzweig, stadtseitig das Reliefbildnis des Erzbischofs, überhöht von der riesenhaften Inschrift »TE SAXA LOQUUNTUR« (Von Dir reden die Steine). Buslinien 1, 2, 15, 29

Nonnberg Die ehrwürdige Stiftskirche ist eine auf romanischem Grundriß erbaute dreischiffige gotische Basilika. Das Querhaus ist wegen der darunterliegenden Krypta wesentlich höher gebaut. Herrlich das 1497–99 entstandene Portal, das in seinen Kehlungen Holzstatuetten von Heiligen trägt, die im Stift besonders verehrt werden: Kaiser Heinrich II., die Muttergottes, Rupertus und Erentrudis. Die Originale zu diesen Kopien befinden sich im für Besucher gesperrten Klostermuseum. Interessant das Bogenfeld über dem Türsturz aus dem Jahr 1200 mit der hl. Maria, Johannes, Erentrudis, einem Engel und einer betenden Nonne. Die Kirche ist spätgotisch sehr reich ornamentiert. Das Langhaus ist an der Westseite in den Nonnenchor (oben) und in die Laienkirche (unten) geteilt. Der Hochaltar, ein spätgotischer Schreinaltar, entstand 1515. Im Mittelschrein Statuen der hl. Maria, des hl. Virgil und des hl. Rupert (rechts), der Aufbau des Altars enthält eine Kreuzigung mit Maria, Johannes und Schächern. Die Schreinflügel zeigen innen Reliefs mit Passionsszenen, außen Temperagemälde nach dem »Marienleben«, Holzschnitten von A. Dürer. Die Krypta ist von den Seitenschiffen über zwei Abgänge zu erreichen. 18 freistehende Säulen und ein reiches Netzgewölbe machen die Krypta zur bedeutendsten im Lande. Hier liegt auch das ursprüngliche Felsengrab der ersten Äbtissin Erentrudis. Im »Paradies« links vom Kircheneingang sind romanische Fresken aus der Zeit um 1550 zu sehen, Heiligendarstellungen des Augustinus, Benedikt, Rupert, Florian usw. In der Johanniskapelle bei

der Klosterpforte steht ein spätgotischer Flügelaltar von 1498, beeinflußt von Veit Stoß, aus dem romanischen Münster. Besichtigung der Fresken und des Altars in der Johanniskapelle nur über Meldung an der Pforte (→ Magazin: Nonnberg).
Nonnberggasse 2
Chorgesang:
Mo–Fr 17.15 Uhr, Sa 17 Uhr, So 14.30, 16.30, 17.45 Uhr

Papagenobrunnen Auf dem gleichnamigen Platz steht seit 1960 der von der Salzburger Bildhauerin Hilde Heger geschaffene Brunnen. Die bronzene Papageno-Figur, umgeben von flatternden Vögeln, ist als Gesamtkomposition so recht von Mozartschem Geist.

Parscher Pfarrkirche Die Pfarrkirche zum »Kostbaren Blut« im Stadtteil Parsch, ein bemerkenswerter zeitgenössischer Bau, wurde 1955/56 von der Arbeitsgruppe 4 (Wilhelm Holzbauer, Friedrich Kurrent und Johannes Spalt) geplant. Einem gotischen Stall wurde ein moderner Teil angefügt. Durch die unterschiedliche Höhe mit gezieltem Lichteinfall durch ein riesiges Fenster – im Volksmund »Seilbahnstation« genannt – wird der erhöhte Volksaltar als Zentralaltar in der Kirchenmitte herausgehoben. Altarkreuz von Jakob Adlhardt, Glasfenster von Josef Mikl. Oskar Kokoschka schuf die Steinschnittarbeit über dem Südportal, Fritz Wotruba das Kreuz über dem Nordportal.
Geißmayrstr. 6
Buslinie 6

Pferdeschwemme → Hofmarstallschwemme; Kapitelschwemme (Kapitelplatz)

Rathaus Die regierenden Fürsterzbischöfe versuchten stets, die Bürgerschaft unter Druck zu halten. Das zeigt sich auch an dem eher bescheidenen Bau des Rathauses, das 1407 errichtet wurde. Ursprünglich völlig schmucklos, von einem viereckigen zinnenbekrönten Turm überragt, wurde es 1616–18 umgebaut. Über dem schönen Portal steht eine lebensgroße Statue der Justitia mit dem Stadtwappen von Hans Waldburger (1617). Im Turm zeigt eine je zur Hälfte blau und gelb gefärbte Kugel die Mondphasen an. Im 18. Jh. erhielt das Rathaus seine verspielte Fassade, das Rocaille-Dekor, ein im Rokoko beliebtes Muschelornament.

Kranzlmarkt
Mo–Do 7.30–16 Uhr, Fr 7.30–13.30 Uhr

Residenz und Residenzplatz Das Schloß der ehemaligen Landesfürsten gehört heute teilweise zur Universität und ist Sitz des Rektors. Zu besichtigen sind die Prunkräume und die Gemäldesammlung der Residenzgalerie (→ Museen und Gedenkstätten). Schon die Fassade der Residenz zeigt durch die reichen Fensterumrahmungen, daß der 2. Stock das Piano nobile ist. Besonders prächtig ist das Marmorportal der Einfahrt vom Residenzplatz mit den Wappen Wolf Dietrichs und Paris Lodrons sowie dem vom Löwen gehaltenen Wappenaufsatz des Fürsterzbischofs Franz Anton Harrach (1710). Der Innenhof wirkt vornehm durch die Kolossalordnung toskanischer Pilaster und einen dreibogigen Portikus, in dem ein Brunnen mit einer riesigen Herkulesfigur steht, die einen Wasserdrachen erschlägt. Den Brunnen ließ Erzbischof Marcus Sitticus anfertigen.
Man betritt die Prunkräume über die linke Treppe durch ein Marmortor von 1609 und gelangt zuerst in den riesigen Carabinierisaal, früher Trabantensaal genannt, in dem sich die Carabinieri-Leibgarde aufhielt. Dieser Saal, der auch den Landesherren als Festsaal diente, wurde um 1665 erhöht, als die Residenz aufgestockt wurde. 1709 schmückte Rottmayr den Carabinierisaal mit Themen der klassischen Mythologie, doch sehr bald wünschte Erzbischof Franz Anton von Harrach für die folgenden Räume Szenen aus der Geschichte Alexanders des Großen. In der Ausführung spricht jeweils das mittlere Feld das Hauptthema an, auf das die vier kleinen Felder an den Seiten und die vier Stuckreliefs dazwischen Bezug nehmen. Diese Historienbilder von allegorischem Wert sollen verkünden, daß der Fürsterzbischof, dem Alexander gleich, auserwählt sei. An den Carabinierisaal schließen sich der Rittersaal an, Dienstraum der hochfürstlichen Leibwache, und das Konferenzzimmer, in dem der hochfürstliche Rat tagte und Konzerte stattfanden, bei denen Mozart musizierte. Es folgen die Antecamera, dann der Audienzsaal mit Brüsseler Tapisserien, in die das Wappen Wolf Dietrichs mit den Themen »Belagerung Roms durch Porsena«, »Raub der Sabinerinnen« und »Etruskerschlacht« gewebt ist. Im Arbeitszimmer hängt ein Porträt des Erzbischofs Franz Anton Harrach.
Es schließen sich das Schatullenkabinett, das Schlafzimmer und die Kapelle mit einem Kuppelfresko an. Von dort führt der Weg in die Schöne Galerie, 1710 nach einem Entwurf von Lukas von Hildebrandt ausgebaut. In einer Nische steht eine Kopie des auf dem Magdalensberg in Kärnten gefundenen (antiken?) »Jünglings vom Helenenberg«. Das Original wurde 1806 nach Wien gebracht. Danach betritt der Besucher den Thronsaal, dann den Weißen Saal, auch Marcus-Sitticus-Saal genannt, der 1776 klassizistisch stuckiert wurde. Der Kaisersaal enthält Porträts habsburgischer Herrscher von Rudolf I. bis Karl VI., entstanden um 1720. Ein schmaler Verbindungsgang führt zu einer unscheinbaren Tür – und plötzlich steht man auf dem Kapellenumgang

in der Franziskanerkirche. Diese verblüffende Verknüpfung von Schloß und Kirche dokumentiert auch die Verbindung von Herrscher und Priester: Wiederholt wurde die Franziskanerkirche auch als Hofkirche benutzt.

Die Baugeschichte der Residenz begann, als Erzbischof Konrad I. 1110 seinen Sitz in St. Peter verließ, das Stift den Mönchen übergab und sich dort, wo der Ostteil der heutigen Residenz liegt, einen kleinen Hof errichtete. Seine Nachfolger bauten weiter, Erzbischof Wolf Dietrich aber ließ die gesamte Residenz schleifen, um das neue Schloß zu planen. Die ersten Trakte standen schon vor 1600. Seine Nachfolger vollendeten die Residenz.

Führungen durch die Prunkräume: Juli–Sept. 10–16.30 Uhr alle halbe Stunde außer 12 und 12.30 Uhr; Okt.–Juni 10, 11, 14 und 15 Uhr; bei Bedarf auch Sa und So 10 und 11 Uhr

Tel. 80 42

Eintritt 35 öS; Kombinationskarte für Prunkräume und Galerie 40 öS

Residenz Neugebäude: Erzbischof

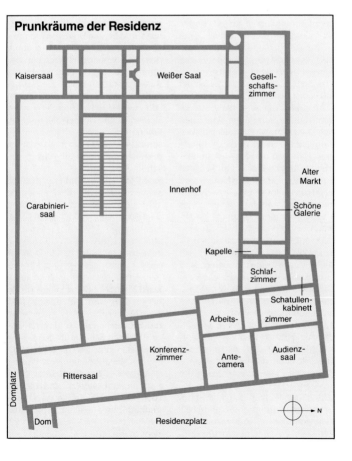

Prunkräume der Residenz

Kaisersaal

Weißer Saal

Gesellschaftszimmer

Carabinierisaal

Innenhof

Alter Markt

Schöne Galerie

Kapelle

Schlafzimmer

Schatullenkabinett

Arbeitszimmer

Konferenzzimmer

Antecamera

Audienzsaal

Rittersaal

Domplatz

Dom

Residenzplatz

N

Wolf Dietrich ließ gegenüber der Residenz, am anderen Ende des Platzes, ab 1588 einen Palast, das »Neugebäude«, errichten, damit er während der Bauzeit seiner Residenz einen Wohnsitz hatte, der auch fürstlichen Gästen diente. Auch im Neugebäude gibt es ein Piano nobile mit farbigen Stuckdekorationen – die ersten im gesamten deutschen Kulturraum. Sie wurden von Elia Castello von 1600–03 geschaffen. Im Residenz-Neugebäude gibt es den Saal der Tugenden, den Gloriensaal, den Ständesaal mit Darstellungen aus der römischen Geschichte und den Feldherrnsaal mit Wolf Dietrichs Vorbildern: Karl dem Großen, Juan d'Austria, Karl V. und Gottfried von Bouillon. Daran schließt sich das Badezimmer mit kachelverkleideter Kuppel und Spiegel haltenden Putten an.

Das Neugebäude ist als Baukörper ein kubischer Block und trägt an den Ecken vier Wappenschilder aus rotem Marmor, auf denen Wolf Dietrich stolz seine Verwandtschaftsverhältnisse darlegt: Medici, Hohenems, Raitenau und Sirgenstein. Erzbischof Johann Ernst Thun ließ den Turm des Palastes erhöhen und 1702 das Glockenspiel (→ Magazin) aufsetzen. Im Parterre des Glockenturms richtete er die Hauptwache ein. Heute ist hier das Heimatwerk (→ Magazin) zu finden.

Residenzplatz: Dieser Platz besticht durch seine Schönheit und Großzügigkeit. Man sieht, wie Wolf Dietrich in seiner Planung, die enge gotische Stadt in eine Residenzstadt umzugestalten, italienischen Vorbildern nacheiferte. Den Grundsätzen der »idealen Stadt« der italienischen Renaissance entsprechend gliederte er um den Dom eine ganze Reihe von Plätzen, von denen der Residenzplatz der prächtigste ist. Inmitten des Platzes ließ Erzbischof Graf Thun zwischen 1656 und 1661 den grandiosen Residenzbrunnen mit dem vielfach geschwungenen

Wasserbecken, dem künstlichen Felsen und den wasserspeienden Rossen errichten. Die Leitung dieser Bauten hatte Giovanni Antonio Dario inne, die Bildhauerarbeiten sind Tommaso di Garona zugeschrieben. In den Wintermonaten wird der Brunnen, wie so viele andere Denkmäler Salzburgs auch, mit Holzverschalungen geschützt. Auf dem Residenzplatz haben auch die Fiaker ihre Standplätze.

Sankt Blasius → Bürgerspital-kirche

Sankt Erhard Gaspare Zuccalli erbaute die Kirche 1685–89. Hochaltarbild von Johann Michael Rottmayr und Stukkaturen von Francesco Brenno. Das Äußere wird durch den höher gelegten Eingang bestimmt, der die Kirche vor Hochwasser schützen sollte. Der vorgestellte Portikus, die hohe Kuppel und zwei seitliche Türme geben der kleinen Kirche ihr besonderes Aussehen.
Nonntaler Hauptstr. 12
Buslinien 5, 55 und City-Bus

Sankt Johann am Imberg Die im Kern romanische Kirche wurde 1681 erweitert und barockisiert. Deckenmalerei 1772, Altäre und Ausstattung 1775–78, Generalsanierung 1988.
Imbergstiege, Aufgang neben Steingasse 7

Sankt Michael Diese kleine Kirche am Residenzplatz war seit etwa 800 die älteste Stadtpfarrkirche, gehörte zum Kloster St. Peter und wurde unter Abt Beda Seeauer in den Jahren 1763–83 völlig neu erbaut. Prächtig ist das Abschlußgitter von Philipp Hinterseer, beachtenswert sind auch die Stukkaturen von Benedikt Zöpf, die Deckenfresken und Seitenaltarbilder von Franz Xaver König.
Residenzplatz

Sankt-Peter-Bezirk Dieser Bezirk ist die Wiege Salzburgs. Hier existiert das einzige Kloster des deutschen Sprachraums, das seit dem 7. Jh. ohne Unterbrechung besteht. Es wurde um 696 vom hl. Rupert gegründet, der wahrscheinlich ein schon damals existierendes Kloster erneuerte. Gegenüber der Franziskanerkirche öffnet sich die kleine Gasse zum Sankt-Peter-Bezirk. Der äußere Stiftshof mit den behäbigen Klostergebäuden strahlt Gediegenheit und Ruhe aus. In der Mitte steht der 1673 von Bartlmä Opstal geschaffene Brunnen mit der Petrus-Figur. Einstmals war der Brunnen ein Fischkalter, ein Reservoir für Fische. In der Nähe ein spätgotisches Brunnenhaus unter einem um 1600 geschaffenen Spiralgitter und einer glockenförmigen Barockhaube. In der linken Ecke führt eine kleine Pforte zum Konventtrakt mit einem schönen spätromanischen Kreuzgang und herrlichen Kapellen (keine Besichtigung). Der Hof ist von schlichten Trakten umgeben, die 1688 umgestaltet wurden und 1766 einheitliche Fassaden erhielten. Der »Peterskeller« ist eine altehrwürdige Gaststätte, deren Besuch zu empfehlen ist (→ Treffpunkte).

Im Westgebäude des Stiftshofes ist eine Gedenkstätte für den Kapellmeister und Komponisten Michael Haydn errichtet, den Bruder des berühmteren Joseph Haydn. Michael Haydn schrieb für die Abtei Messen und geistliche Lieder. Zwei Durchgänge in diesem Trakt führen zum Kolleg St. Benedikt, das 1925–26 nach Plänen von Peter Behrens errichtet wurde. Der Salzburger Maler Anton Faistauer gestaltete die Fassadenfresken, das »Gnadenbild von Maria Plain« und den »Gnadenstuhl«. In der Vorhalle des Kollegs hängt das eindrucksvolle expressionistische Kruzifix von Jakob Adlhardt (1920). In diesem Hof steht der Rupertusbrunnen mit einer Figur aus dem 17. Jh.

Stiftskirche: Hoch ragt der Westturm der Stiftskirche empor, der auf den Fundamenten eines karolingischen Baues steht. Der 1250 aufgemauerte Turm wurde 1756 erhöht und erhielt die heute sattgrün leuchtenden Rokokohelm. Von der ersten Abteikirche und dem 847 errichteten Neubau ist nichts mehr erhalten, denn Kirche und Kloster brannten 1127 nieder. Ab 1130 wurde in 13jähriger Bauzeit ein hochromanischer Neubau mit einer dreischiffigen Basilika ausgeführt, doch nur der Kenner entdeckt den romanischen Kern der Kirche, die in der Barockzeit von 1605–25 und im Rokoko unter Abt Beda Seeauer (1753–85) umgestaltet wurde. Schon das Portal von 1757 mit den reichen Profilen aus weißem und rotem Marmor und der stilisierten Rebenranke weist die romanische Herkunft aus: Im Bogenfeld des Stufenportals (etwa 1250) huldigen Petrus und Paulus dem Christus. Der 1244–45 entstandene Vorraum ist die Turmhalle, flankiert von der Wolfgang- und Heiliggeistkapelle (rechts). Dort sind prachtvolle Grabplatten alter Salzburger Familien zu sehen.

Die wenigen Schritte in das Kircheninnere bedeuten den Eintritt in eine andere Welt – denn so schlicht die Außenfassaden der Kirche und der Stiftsgebäude sind, so prachtvoll ist das Kircheninnere. Hier wurde jeder nur denkbare Prunk entfaltet. Die Blickpunkte: das eisengeschmiedete Rokokogitter von Philipp Hinterseer (1768); die riesigen Bronzeleuchter, eine Schenkung von Erzbischof Wolf Dietrich 1609 an das Kloster; die Deckenfresken mit Szenen aus dem Petrus-Leben, gemalt von Franz Xaver König, der auch viele Bilder an den Wänden des Hochschiffs anfertigte. Der Künstler des Rupertusaltares (1661) ist Sylvester Paur, des Engelsaltares (1704) Karl Reslfeld – alle anderen Gemälde stammen von dem österreichischen Barockmaler Martin Johann Schmidt (1718–1801), genannt Kremserschmidt. Hier wurde am 25. Oktober 1783 Mozarts c-Moll-Messe als das musikalische Porträt des Gotteshauses uraufgeführt.

Der »Maria-Säul-Altar« im nördlichen Querhaus trägt eine gotische Muttergottesstatue (1420) und ist Hauptwerk des sogenannten Salzburger weichen Stils. Im Barock wurde die Statue golden gefaßt. Im südlichen Querhaus befinden sich das Grab und der erst um die Mitte des 15. Jh. entstandene Altar des hl. Vitalis. Im rechten Seitenschiff liegt das legendenumwobene Rupertusgrab, das sich bei einer Kirchengrabung als römischer Sarkophag erwies. Ruperts Gebeine ruhten nur kurzzeitig hier, bevor sie im neuen Dom beigesetzt werden konnten. Das Hochgrab des Obristen Johann Werner von Raitenau, der 1593 im Kampf gegen die Türken fiel, wurde im Auftrag seines Sohnes, Erzbischof Wolf Dietrich, errichtet. Das eigentliche Grab aber liegt im Hauptschiff im Kirchenboden. Ein anderes Grabmal erinnert an Michael Haydn.

Die *Bibliothek* von St. Peter besitzt mit ihren mehr als 120 000 Bänden, Handschriften und Inkunabeln weltweiten Rang. Besonders interessant ist das »Verbrüderungsbuch«, das der irische Abt Bischof Virgil 784 anlegen ließ.

Petersfriedhof: Zwischen Kirche und Stiftsgasthof ist der Zugang zum Petersfriedhof, der an die Mauern der Stiftskirche reicht und an die Katharinen- oder Mariazellerkapelle anschließt. Diese Kapelle am südlichen Querhausarm der Kirche wurde 1215 vom Babenberger Herzog Leopold VI. von Österreich gestiftet und 1227 geweiht. Der Altar ist eine Nachbildung des 1733 von Fischer von Erlach geschaffenen Hochaltars des steirischen Wallfahrtsortes Mariazell. Der älteste christliche Gottesacker der Stadt ist kein Ort der Trauer, denn hier ist verwirklicht, was der Christ glauben sollte: der

Berühmte Bauwerke

Dom
Monumentalbau mit über 1000jähriger Geschichte (S. 21).

Hohensalzburg
Die Festung galt lange Zeit als uneinnehmbar – wer den Festungsberg zu Fuß erklimmt, weiß warum (S. 24).

Schloß Hellbrunn
Frühbarockes Lustschloß, weithin bekannt für seine Wasserspiele (S. 28).

Schloß Mirabell
Fürsterzbischof Wolf Dietrich ließ es für seine Lebensgefährtin

bauen; berühmt für den »schönsten Trauungssaal der Welt« (S. 31).

Stiftskirche Nonnberg
Gotische Basilika auf romanischem Grundriß, bedeutende Krypta (S. 33).

Residenz
Die Prunkräume und die Gemäldesammlung können besichtigt werden (S. 34).

Sankt-Peter-Bezirk
In seiner historischen Bedeutung für Salzburg nicht zu überschätzen (S. 37).

Barockgärten und Wasserspiele – Schloß Hellbrunn

Heimgang in Gottes Herrlichkeit. Inmitten des Friedhofs ragt die spätgotische, in den Jahren 1485–1491 aus dunklem Nagelfluhgestein errichtete Margaretenkapelle auf, die der Öffentlichkeit nicht zugänglich ist. An ihrer Außenwand ist ein spitzbogiges Lichthäuschen zu beachten, das Gewölbe im Innern ist mit einem zierlichen Rippennetz überzogen.

Katakomben: Hinter den Friedhofsarkaden an der Mönchsberg-Seite ragt die dunkle Felswand auf, aus der Mauerwerk hervorspringt, gekrönt von einem winzigen, mit Schindeln gedeckten Holztürmchen. Schräg links oben ist die Felswand mit Mauerwerk ausgefugt und durch Fenster unterbrochen. Dies sind die sogenannten Katakomben, die vor einigen Jahrhunderten entdeckt wurden, als ein überhängender Felsblock brach und die Gänge freilegte. Man steigt also in Salzburg in die Katakomben hinauf. Die Treppe führt zuerst zur Gertraudenkapelle, die schon 1178 renoviert und dem englischen Erzbischof Thomas Becket geweiht wurde. Weiter aufwärts birgt die Maximuskapelle ein Märtyrergrab, das als Opferaltar diente. Noch immer liegt die eigentliche Bestimmung der Katakomben im Dunkeln. Vermutlich dienten sie als Mönchszellen.

Der Ausgang des Petersfriedhofs zum Kapitelplatz führt durch einen winzigen Hof, in dem ein Mühlbach herabstürzt. Daneben steht die Figur des hl. Nepomuk. Hier ist die Pfisterei, die Klosterbäckerei, untergebracht, in der heute noch dunkles Roggenbrot in dem holzbefeuerten Ofen gebacken und an Ort und Stelle verkauft wird.

Petersfriedhof
Geöffnet von frühmorgens bis zum Einbruch der Dunkelheit
Katakomben
Führungen (etwa 20 Minuten)
Tgl. 9.30–12 Uhr und 13.30–16.30 Uhr
Bäckerei
Mo–Fr 7–12 Uhr und 15–18 Uhr, Sa 7–11 Uhr

Sankt Sebastian Ein spätgotischer Bau von 1505–12. 1750 barokkisiert, bei einem Stadtbrand 1818 zum Teil vernichtet. Zu erwähnen sind aus dem alten Bestand das großartige Gitter Philipp Hinterseers (1752), die Holzfiguren der Madonna mit Kind von Hans Waldburger (1610) im Hochaltar sowie das Rokokoportal von Josef Anton Pfaffinger nach einem Entwurf von Franz Anton Danreiter (1754). Am Stiegenabgang von der Kirche zum Friedhof liegt das Grabmal des Theophrastus Bombastus von Hohenheim, des großen Arztes des Mittelalters (Paracelsus, → Magazin).

Sebastiansfriedhof
Linzer Gasse 41
Buslinien 1, 2, 5, 6, 27, 29, 51, 55

Sebastiansfriedhof Weil Erzbischof Wolf Dietrich den Friedhof um das alte Münster schloß, mußte er Ersatz schaffen. So entstand neben der Sebastianskirche an der Linzer Gasse durch Andrea Berteleto aus Como 1595–1600 ein neuer Arkadenfriedhof als Typus des italienischen Campo Santo – ein Novum außerhalb Italiens. Dieser Friedhof ist kulturhistorisch von hoher Bedeutung, denn an den Grabinschriften läßt sich die Entwicklung der Grabmalkunst von 1600 bis in das 19. Jh. verfolgen. In einem Grab sind Mozarts Witwe Constanze und Mozarts Vater Leopold beigesetzt.

Inmitten des Friedhofs steht die Gabrielskapelle, das Mausoleum des Erzbischofs Wolf Dietrich, das Elia Castello 1597–1603 erbaute. Castello selbst ist in der 10. Nische der Westwand, in der eine Porträtbüste des Meisters steht, beigesetzt. Die schlichte Kapelle überrascht im Innern durch das glitzernden Wandfliesen des Salzburger Hafnermeisters Hans Kapp. Mit eingefärbtem Stuck sind die vier Kardinaltugenden und die vier lateinischen Kirchenväter im Altarraum dargestellt. In Nischen stehen riesige Stuckfiguren der vier Evangelisten.

Linzer Gasse; Tgl. 7–19 Uhr
Buslinien 1, 2, 5, 6, 27, 29, 51, 55

Sigmund-Haffner-Gasse Sie ist benannt nach einem Patrizier, für dessen Familie Mozart Serenaden schrieb. Die Gasse führt vom Rathaus zum Franziskanerkloster und ist eine der alten Geschäftsstraßen. Gleich am Beginn der Gasse steht das Hotel Elefant, über dessen Portal ein Löwenkopf prangt. Er ist eines der wenigen erhaltenen Machtsymbole jener stolzen Handelshäuser, die mit Venedig in Geschäftsverbindung standen und Handel über den »Fondaco dei Tedeschi« trieben. Nr. 16 ist der Langenhof, ein Palais, das 1525 von Erzbischof Kardinal Matthäus Lang erbaut wurde. Erzbischof Max Gandolf Graf Kuenburg erneuerte es 1670 für seine Familie. Am Ende der Gasse liegt das Rupertinum, heute eine Galerie moderner Kunst (→ Museen und Gedenkstätten).

Steingasse Am rechten Salzachufer gelegen, ist sie ein markantes Beispiel einer mittelalterlichen Handwerkergasse. An der Salzach, die damals noch nicht reguliert war, ließen sich die Gerber, Hafner, Seiler und andere Handwerker nieder, was sich heute noch an den Häusern dieser Gasse erkennen läßt. In unseren Tagen ist sie mit vielen kleinen Antiquitätenläden bestückt, so daß sich ein Bummel jederzeit lohnt. Dieses Stein gewordene Stück Mittelalter war einst die Hauptverkehrsstraße in Richtung Gebirge und Süden. Vielfach sind noch die steinernen Radabweiser zu sehen, die die Hauswände schützen sollten. Dennoch haben am Laufe der Zeit Gefährte jeder Art Narben hinterlassen. Beim Stiegenaufgang zum Kapuzinerkloster, Steingasse 9, liegt das Geburtshaus des Priesters Josef Mohr, Dichter des Weihnachtsliedes »Stille Nacht, Heilige Nacht«. Steingasse 9 ist das Steintor, auch Johannistor genannt, 1634 von Santino Solari errichtet.
In den Untergeschossen der Häuser befanden sich die Werkstätten, darüber lagen die Wohnungen. Wie sehr die Bewohner nach Luft und Sonne lechzten, ist an der bergseitigen Häuserfront zu sehen: In waghalsigen Konstruktionen wurden über den Dächern Terrassen und Gärten an die steile Bergwand »geklebt«.

Tiergarten → Hellbrunn

Universität 1622 gegründet, wurde die Salzburger Universität 1810 aufgelöst. Bestehen blieb nur die Theologische Fakultät. 1962 gesetzlich wiedererrichtet, begann 1964 der Universitätsbetrieb.
Das Studiengebäude der alten Universität entstand zwischen 1618 und 1652. Die erste winzige Universitätskirche war das »Sacellum«, vom Sigmundsplatz/Ecke Hofstallgasse her zugänglich, ein bezauberndes Kirchlein mit einem klassizistischen Altar von Wolfgang Hagenauer (1768) und Bildwerken und Bleireliefs von Johann Baptist Hagenauer. Sehenswert in dem weitläufigen Gebäude mit seinem Arkadenhof sind die Kleine Aula mit der schönen hölzernen Kassettendecke, den Bücherwänden und die »Stuba Academica«, verziert mit Stukkaturen von Benedikt Zöpf und den Bildnissen der Erzbischöfe von Marcus Sitticus bis Hieronymus Colloredo. Die Große Aula war früher ein Theaterbau, verlor 1676 ihre Bühne und wird heute als Fest- und Promotionssaal verwendet. Die an das Studiengebäude anschließende → Kollegienkirche ist die Universitätskirche.
Das Universitätskonzept sieht eine Kombination von Altstadt-Universität und Neubauten am Stadtrand vor. So wurde auch die alte Gewerbeschule am Rudolfskai als Institutsgebäude adaptiert. Die Residenz ist weitgehend der Universität vorbehalten.
Als sehenswerte Architektur unserer Zeit (Architekten Holzbauer, Hübner u. a.) gilt der Universitätsbau für die Naturwissenschaftliche Fakultät im Süden der Stadt.
Alte Universität
Hofstallgasse 2–4
Buslinien 1, 2, 15, 29
Neue Universität
Hellbrunner Str. 34
Buslinien 1, 95

Museen und Gedenkstätten

Die Stadt Salzburg kann mit ihren Museen nicht an die großen internationalen Sammlungen von Weltruf heranreichen. Doch wer diese Fixpunkte der Weltkunst sucht, wird den Louvre in Paris, das Kunsthistorische Museum in Wien oder das Museum of Modern Art in New York besuchen. Dafür bietet Salzburg ausgezeichnete Sammlungen von regionaler Bedeutung, die zum Teil Spezialthemen gewidmet sind.

Barockmuseum Europäische Kunst des 17. und 18. Jh. in den Entwürfen der Künstler (Sammlung Rossacher). In den Barockbezirk des Mirabellgartens eingebettet, soll das Museum dem Besucher der Barockstadt die besondere Stellung Salzburgs zwischen Italien und dem Norden bewußt machen. Eine »Vision des Barock« mit dem Einsatz moderner Medien, mit Hilfe von Lichtprojektion und Musik zu vermitteln, ist Aufgabe und Ziel des Museums. Einen besonderen Reiz erhält diese Sammlung vor allem durch Entwürfe (Bozzetti) italienischer Künstler. Diese Entwürfe sind in der Malweise oft viel ursprünglicher und freier als die ausgeführten Werke.
Mirabellgarten – Orangeriegarten
Tel. 87 74 32
Di–Sa 9–12 Uhr, 14–17 Uhr, So und Feiertage 9–12 Uhr
Eintritt 30 öS, Schüler ab 15-18 Jahren, Studierende und Senioren 15 öS, Kinder frei
Buslinien 1, 2, 5, 6, 27, 29, 51, 55

Burgmuseum Dieser Teil des Museums Carolino Augusteum ist auf der Festung Hohensalzburg in den erzbischöflichen Wohnräumen im 3. Geschoß des »Hohen Stocks« untergebracht. Ein romanisches Freskenfragment ist der älteste Hinweis

Vogelfänger mit Stadtwappen statt Käfig: der Papagenobrunnen

Auf den Spuren Mozarts

Mozarts Geburtshaus
Auch ohne das Museum in der ehemaligen Wohnung der Mozarts ein sehenswertes Gebäude (S. 32, 44).

Mozarts Wohnhaus
Vielfältige Sammlung von Musikinstrumenten, außerdem Konzertveranstaltungen und Multivisionsschau (S. 32, 44).

Zauberflötenhäuschen
In Wien erstellt, im 19. Jahrhundert nach Salzburg transportiert und wieder aufgebaut, heute Mozart-Gedenkstätte (S. 16)

St. Gilgen
Mozart-Gedächtnisstätte im Geburtshaus von Anna Maria Mozart, geborene Pertl, der Mutter des Komponisten (S. 77).

Confiserie Fürst
Hier fertigt der Konditor »Original-Mozartkugeln«, die süßeste Art, des großen Meisters zu gedenken (S. 62).

Papageno-Brunnen
Mozart selbst hätte diese Darstellung des Vogelfängers aus der »Zauberflöte« bestimmt auch gefallen (S. 33).

---

auf die ursprüngliche Ausstattung. In Rotmarmor ausgeführte Portale, Wappenhalter und die Kapelle verweisen auf Adaptierung durch Leonhard von Keutschach. Zu sehen sind Zeugnisse der Burggeschichte, des Salzburger Waffenhandwerks und der Gerichtsbarkeit.
Am Mönchsberg 34
Tel. 80 42-21 23 und 80 42-21 33
Okt.–März 10–16.30 Uhr; April–Sep. 9.30–18.30 Uhr
Eintritt in das Burggelände: Erw. 20 öS, Kinder 10 öS
Besichtigung des Museums allein ist möglich. Eintritt 20 öS, Kiner 10 öS
Mit Führung durch die Festung und das Rainermuseum 25 öS, Kinder 10 öS; Festungsbahn

Domgrabungsmuseum Die Außenabteilung des Museums Carolino Augusteum unter dem Domplatz zeigt neben verschiedenen Mauerzügen der Vorgängerdome eine breite Palette historischer Zeugnisse. Vor allem aber gibt dieses Grabungsmuseum einen Blick in das römische Salzburg mit Mosaikböden und Heizungsanlagen, die vor Ort gefunden und so belassen worden sind.
Zugang unter dem Dombogen zwischen Dom- und Residenzplatz
Tel. 84 52 95
Ostern–Okt. tgl. 9–17 Uhr
Eintritt 15 öS, Kinder, Studierende, Senioren 10 öS

Dommuseum Dieses Museum der Erzdiözese Salzburg zeigt den Kirchenschatz des Doms. Die Exponate reichen vom karolingischen Rupertuskreuz aus dem 8. Jh. über seltene Werke gotischer Plastik und Malerei bis zum eigentlichen Domschatz mit edelsteingeschmückten Monstranzen, Kelchen usw. Eine Kuriosität ist die noch erhaltene erzbischöfliche Kunst- und Wunderkammer mit obskuren Gegenständen.
Zugang: Vorhalle des Domes
Tel. 84 25 91-120
Anfang Mai–Mitte Okt. Mo–Sa 10–17 Uhr, So und an Feiertagen 11–17 Uhr
Eintritt 25 öS, Kinder 5 öS

Haus der Natur Mit seinen 80 Schauräumen ist das Haus der Natur ein überaus lebendiges Museum. Das Aquarium, eines der schönsten Mitteleuropas, besitzt 36 große Schaubecken und bietet Einblick in die Zauberwelt tropischer wie heimischer Gewässer. Der Reptilienzoo enthält etwa 200 Tiere: alle heimischen Schlangen, Giftschlangen aller Erdteile, Schildkrötenarten, Riesenfrösche usw. Die Weltraumhalle bietet ein Diorama von der Mondlandung in Originalgröße, zeigt den Aufbau des Universums sowie einige Raketenmodelle. Umfangreich ist die Mineralienschau, die einen Eindruck der Vielfalt der Salzburger Alpenwelt vermittelt. Außerdem Vogelschau, vorweltliche Tiere, Geologie, der gläserne Mensch usw. Ein kurzweiliger Ausflug in die Welt der Natur.
Museumsplatz 5
Tel. 84 26 53
Tgl. 9–17 Uhr
Eintritt 35 öS, Studierende, Kinder 20 öS
Buslinien 1, 2, 15, 27, 29

Johann-Michael-Haydn-Gedenkstätte Erinnerungsstätte an Michael Haydn, den Bruder von Joseph Haydn, der als Komponist im St.-Peter-Stift lebte. Tonbildschau.
St.-Peter-Hof
Tel. 84 45 76-19
Juli–Sept. tgl. außer Mi 10–12 Uhr und 14.30–16.30 Uhr
Eintritt 20 öS, Kinder 10 öS

Mozarts Geburtshaus Diese Gedenkstätte in der Wohnung der Familie Mozart zeigt zahlreiche Gegenstände aus Mozarts Leben und Schaffen. Es ist eine schlichte, aber schöne Wohnung mit einfachen Stuckdecken. Die kostbarsten Stücke sind wohl Mozarts Hammerklavier und seine erste Geige. Viele sehenswerte Gemälde, vor allem das des siebenjährigen Wolferl im Galakleid, das Kaiserin Maria Theresia dem Wunderkind schenkte. Außerdem Manuskripte, Diplome, persönliche Familienstücke und eine eigene Abteilung »Mozart auf dem Theater«, in der die Entwicklung der Bühnenbilder Mozartscher Opern ausgiebig dokumentiert wird (→ Sehenswertes).
Getreidegasse 9
Tel. 84 43 13
10. Okt.–30. April tgl. 9–18 Uhr; 1. Mai–8. Okt. tgl. 9–19 Uhr
Eintritt 50 öS, Schüler 15 öS, Kinder 10 öS
Kombinierte Eintrittskarte für Geburts- und Wohnhaus 70 öS, Schüler und Kinder 20 öS

Mozarts Wohnhaus Umfangreiche Sammlung von wertvollen Instrumenten sowie die interessante Dokumentation »Mozart und seine Umwelt von 1773–1780« (Multivisionsschau) (→ Sehenswertes).
Makartplatz 8
Tel. 87 17 76
ca. 1. Okt.–31. Mai Mo–Sa 10–16 Uhr; ca. 1. Juni–30. Sept. tgl. 10–17 Uhr
Eintritt 25 öS, Kinder 10 öS
Kombinierte Eintrittskarte für Geburts- und Wohnhaus 70 öS, Schüler und Kinder 20 öS
Buslinien 1, 2, 5, 6, 27, 29, 51, 55
Im Juli und Aug. zusätzlich Besuch des Zauberflötenhäuschens im Mozarteum-Garten möglich. Führungen ab Mozarteum, Schwarzstr. 26, Mo–Fr 11.15 Uhr
Erw. 50 öS, Kinder 10 öS

Museum Carolino Augusteum (MCA) 1834 als städtisches Museum gegründet, nach seiner kaiserlichen Schirmherrin »Carolino Augusteum« genannt, 1944 vollkommen zerbombt, Neubau gemeinsam durch Stadt und Land mit dem Ziel, ein Salzburger Stadt- und Landesmuseum zu schaffen. Die archäologische Abteilung – hervorragende Fundstücke sind z. B. die keltische Schnabelkanne vom Dürrnberg von

Hallein oder der Helm vom Paß Lueg – gibt einen Überblick über die älteste Geschichte Salzburgs und ist reich mit Funden aus römischer Zeit bestückt. Hervorragend sind die Zeugnisse der bis in die Anfänge des Hochmittelalters zurückreichenden künstlerischen Tradition, die die Stellung Salzburgs als einflußreiches politisches und kulturelles Zentrum dokumentieren. Großartig ist die Sammlung von Bildern aus der Romantik, die Salzburg als Motiv ihrer Malerei entdeckt hatte, beachtenswert auch die Gemälde des in Salzburg geborenen Historienmalers Hans Makart.

Museumsplatz 1
Tel. 84 31 45
Di 9–20 Uhr, Mi–So 9–17 Uhr
Gemeinsamer Eintritt mit Museum im Bürgerspital 25 öS, Kinder 10 öS
Buslinien 1, 2, 15, 27, 29

Museum im Bürgerspital Hier sind gediegene Gegenstände des Kunstgewerbes (Möbel, Hafnerei, Stickerei usw.), Musikinstrumente und die großartige Sammlung Folk des → Spielzeugmuseums untergebracht.

Bürgerspitalplatz 2
Tel. 84 75 60
Di–So 9–17 Uhr
Eintritt inkl. Museum Carolino Augusteum 25 öS, Kinder ab 6 Jahren 10 öS
Buslinien 1, 2, 15, 27, 29

Rainermuseum Uniformen, Waffen und Dokumente des ehemaligen Hausregiments der Salzburger, das von 1871–1918 in der Burg untergebracht war.

1. Mai–8. Okt.
(→ Burgmuseum auf der Festung Hohensalzburg)

Max-Reinhardt-Forschungs- und Gedenkstätte Sie erinnert an den großen Regisseur Max Reinhardt und dokumentiert seine Arbeit. Hier werden für das europäische Theater wesentliche Ausstellungen veranstaltet.

Schloß Arenberg
Arenbergstr. 8–10
Tel. 64 03 90
Mo–Fr 9–12 Uhr
Bei Sonderausstellungen geänderte Anfangszeiten
Festspielzeit: tgl. 10–12 Uhr und 14 17 Uhr
Mozartwoche und Osterfestspiele: tgl. 11–16 Uhr
Juli und Weihnachten bis 7. Jan. geschl.
Eintritt 30 öS, Kinder 15 öS
Buslinien 5, 6, 49, 51, 55

Residenzgalerie Nachfolgegalerie der ehemaligen fürsterzbischöflichen Gemäldesammlung, gegründet 1789. Werke der europäischen Malerei des 16. bis 19. Jh., Bilder von Rembrandt, Goyen, Rubens, Brueghel, Poussin, Tizian, Piazzetta, Rottmayr, Troger, Kremserschmidt, Maulbertsch, Fischbach, Amerling, Gauermann, Waldmüller u. a. In 15 Prunkräumen die Abteilung europäische Malerei (holländische, flämische, französische, italienische Künstler), österreichische Malerei des Barock und des 19. Jh.

Residenzplatz 1
Tel. 80 42-22 70
Tgl. 10–17 Uhr
Eintritt 35 öS, Senioren und Studierende 20 öS, Kinder bis zu 15 Jahren frei
Kombinierte Karte für Residenzgalerie und Prunkräume der Residenz 40 öS

Rupertinum Moderne Galerie und Graphische Sammlung, die auf eine Initiative des Salzburger Kunsthändlers und Gründers der »Schule des Sehens«, Friedrich Welz, zurückgeht. Umfangreiche Schenkungen aus seiner Sammlung an das Land Salzburg, darunter 1976 das vollständige druckgraphische Werk Oskar Kokoschkas, machten Erwerb und Umbau des Hauses erforderlich.

Flötentöne unter Bäumen – sommerliches Konzert im Mirabellgarten

Das Rupertinum wurde 1653 als Ausbildungsstätte des Priester- und Beamtennachwuchses geschaffen. Die Galerie zeigt Arbeiten von Hekkel, Nolde, Schiele und gibt vor allem durch zahlreiche Wechselausstellungen einen Überblick über europäische Kunst seit dem Jugendstil, über Plastik, Malerei und Graphik mit österreichischen Schwerpunkten sowie Fotografie im 20. Jh.
Wiener-Philharmoniker-Gasse 9
Tel. 80 42-23 36 und 80 42-25 41
Di–So 10–17 Uhr, Mi bis 21 Uhr, während der Sommerausstellung Do–Di 10–18 Uhr, Mi 10–21 Uhr
Eintritt 35 öS, Kinder frei, während der Sommerausstellung erhöhte Preise

Spielzeugmuseum (Sammlung Folk) Die jüngste Außenstelle des Salzburger Museums zeigt die reiche Vielfalt der Erscheinungsformen von Spielzeug aus den letzten 300 Jahren. Neben Spielsachen aus Holz, Ton und Zinn, der Welt der Puppen und der Puppenstuben, alten und neuen Eisenbahnen, optischen Spielereien und technisch-physikalischen Lehrspielzeugen sind die Papiertheater ein besonderer Schwerpunkt. Spielecken für Kinder, Gelegenheit zum Spielen und Basteln (→ Museum Carolino Augusteum).
Bürgerspitalgasse 2
Tel. 84 75 60
Di–So 9–17 Uhr
Mi und Fr 15 Uhr Kasperltheater
Eintritt 25 öS, Kinder 10 öS

Georg-Trakl-Forschungs- und Gedenkstätte Im Geburtshaus des Dichters Georg Trakl (1887–1914) ist eine Gedenkstätte eingerichtet worden. Das Archiv verfügt über sämtliche Trakl-Ausgaben.
Waagplatz 1 a
Tel. 84 52 89
Geöffnet zu den Führungen (Tonbildschau) Di–Fr 11 und 14 Uhr, Sa 10 Uhr
Eintritt 30 öS, Kinder 15 öS

Galerien

Salzburg besitzt eine Reihe renommierter Kunstgalerien, von denen die Galerie Welz eine der ältesten und bedeutendsten Österreichs ist. Die größte Galerieschau ist die jährliche »Salzburger Kunst- und Antiquitätenmesse« vom Samstag vor Palmsonntag bis Ostermontag in den Prunkräumen der Residenz. Diese Kunstmesse im Frühjahr hat ihr Pendant in der Kunstmesse in der Wiener Hofburg im Herbst. Dies sind die beiden bedeutendsten Kunstmessen in Österreich.

Im Laufe der letzten beiden Jahrzehnte haben sich viele Galerien in Salzburg niedergelassen. Vor allem während der großen Ausstellungen in der Festspielzeit überragt die Salzburger Kunstszene zweifellos das Galeriegeschehen in Österreich, aber auch des süddeutschen Raumes.

Die Öffnungszeiten der Galerien sind meistens den allgemeinen Einkaufszeiten angepaßt, zum Teil sind die Galerien über Mittag offen. Academia, Kunsthof-Weihergut, Künstlerhaus und Welz sind sonn- und feiertags am Vormittag geöffnet. Während Festspiel- und Messezeiten sind andere Öffnungszeiten möglich. Einzelne Galerien haben Montag geschlossen.

Galerie Academia Internationale zeitgenössische Kunst und Kunstobjekte.
Residenzhof
Tel. 84 51 85

Galerie Altnöder Österreichische Kunst des 20. Jh. mit dem Schwerpunkt Alfred Kubin und seinem Freundeskreis. Engagierte Kunst der Nachkriegszeit.

Gemütlich und typisch: eine Fiakerfahrt durch die Gassen Salzburgs

Sigmund-Haffner-Gasse 3/I
Tel. 84 14 35

Galerie Fotohof   Ausstellungen
zeitgenössischer und experimenteller Fotografie.
Linzer Gasse 55
Tel. 87 14 76
Di–Fr 15–19 Uhr
Buslinien 1, 2, 5, 6, 27, 29, 51, 55

Galerie Heinze Kunsthandel österreichischer Maler der Zwischenkriegszeit, Künstler der »verschollenen« Generation, des Hagenbundes. Permanente Schau von Werken von Albert Birkle, Georg Jung, Alfons Walde.
Giselakai 15
Tel. 87 22 72
Buslinien 5, 6, 49, 51, 55, 95

Galerie Kutscha   Kunst des 20. Jh. mit Schwerpunkt Osteuropa.
Getreidegasse 22/III
Tel. 84 37 46-15

Galerie Thaddeus Ropac Internationale zeitgenössische Kunst, Avantgarde.
Kaigasse 40 und Arenbergstr. 23
Tel. 84 15 61-0
Buslinien 5, 6, 49, 51, 55, 95 (Arenbergstr.)

Galerie Sailer Antike Teppiche und Gewebe als Kunstwerke.
Wiener-Philharmoniker-Gasse 3
Tel. 84 64 83

Galerie Salis   Kunsthandel mit internationaler klassischer Moderne, besonders französischer Provenienz. Österreichische und süddeutsche Malerei des 19. Jh.
Imbergstr. 25
Tel. 7 09 07
Buslinien 5, 6, 49, 51, 55, 95

Galerie Thomas Seywald Kunst der Gegenwart, permanente Werkschau von Zeichnungen und Graphiken von Paul Flora.

Sigmund-Haffner-Gasse 7–9/I
Tel. 84 04 26

Galerie im Traklhaus Fördergalerie für junge Künstler.
Waagplatz 1 a
Tel. 80 42-21 49

Galerie Welz   Der frühere Eigentümer der Galerie, Friedrich Welz, war der Begründer der »Schule des Sehens« auf der Festung. Welz hat Künstler wie Oskar Kokoschka und Giacomo Manzù nach Salzburg gebracht. Die traditionsreiche Galerie pflegt die Kunst des 20. Jh., klassische Moderne mit den Schwerpunkten deutscher Expressionismus und Österreich, aber auch österreichische, französische und italienische Gegenwartskunst.
Sigmund-Haffner-Gasse 16
Tel. 84 17 71-0

Künstlerhaus (Salzburger Kunstverein) Präsentation der Werke von Mitgliedern, jurierte Ausstellungen, die sich immer wieder auch mit wechselnden Themen beschäftigen.
Hellbrunner Str. 3
Tel. 84 22 94
Buslinien 51, 95

Kunsthof-Weihergut   Österreichische Kunst der Gegenwart sowie Werke der österreichischen klassischen Moderne.
Bibergasse 31
Tel. 84 44 26
Buslinie 5
Linzer Gasse 25
Tel. 87 91 19
Buslinien 1, 2, 5, 6, 27, 29, 51, 55

Salis Graphics   Graphikabteilung der Galerie Salis, vor allem klassische Moderne.
Goldgasse 13
Tel. 84 54 34

Volksnahe Kunst
Waagplatz 1 a
Tel. 84 50 04

Essen und Trinken

Dem Bericht eines venezianischen Gesandten verdanken wir die Kenntnis von der Hoftafel des Erzbischofs Leonhard von Keutschach im frühen 16. Jahrhundert. Die Gesandten der Signoria von Venedig, Giorgio Contarini und Paolo Pisani, kritisierten die Speisenfolge als merkwürdige Mischung gröberer und feinerer Genüsse und berichteten: »Zuerst wurden junge Tauben und Fleisch in der Brühe vorgesetzt, und zwar in einer silbernen Schüssel, aus welcher – nach deutscher Sitte – alle speisten. Dann kamen in einer anderen silbernen Schüssel Krebse. Zu jeder Schüssel wurden immer neue Schnitten Brot gereicht. Drittens eine schwarze, gewürzte Sauce mit Hirschfleisch. Vierter Gang gesottene Fische, ausgezeichnet! Fünftens eine gelbe Sauce ohne Fleisch. Sechstens Kraut mit Schweinefleisch. Siebentens Fische in gelber vorzüglicher Gelatine. Achtens eine Art Mehlspeise aus Mandeln und Milch, delikat, wie es nichts Besseres geben kann. Neuntens Rehbraten. Zehntens eine schwarze Sauce. Elftens – und dies war der letzte Gang – Backwerk in Form von Törtchen. Dann wurde wieder Wasser für die Hände herumgereicht, und man erhob sich von der Tafel.« Da vermag man nicht einmal mehr »Mahlzeit« zu sagen.

Apropos: Mahlzeit. Man sagt dieses Wort auch heute noch oder einfach »guten Appetit«. Die Salzburger Küche ist von der Tradition her eher schwer. Es gibt einige berühmte, im Original auch teuer gehandelte alte Salzburger Kochbücher, deren Rezepte nicht mehr nachvollziehbar sind. Man sagt, die Menschen hätten schwerer gearbeitet, doch diejenigen, die sich solche Speisenfolgen leisten konnten, waren körperlich sicher nicht überarbeitet, wenngleich sie wohl mehr Bewegung hatten. Der Bericht zeigt jedenfalls, daß Salzburg auch kulinarisch Geschichte hat. Salzburg ist für seine traditionelle Gastlichkeit bekannt, weil es durch die Paßlage stets eine Stadt des Handels war. So sind auch viele historische Gaststätten zu finden, die man nicht nur besucht, um schnell etwas zu essen, sondern um sich in einer netten Umgebung wohl zu fühlen und zu entspannen.

Salzburg ist eine »Bierstadt«, in der es eine Vielzahl von Brauereien gegeben hat. Einige von ihnen sind bis heute tätig. Das heimische Bier ist vorbehaltlos zu empfehlen. Dennoch: In den meisten Restaurants gibt es gepflegte Weine. Auch das hat Tradition. So hat Erzbischof Leonhard einst den gesamten Stadtrat verhaften lassen, weil ihm der Zugang zum Weindepot mit den Importen aus Oberitalien gesperrt worden war.

Neben den traditionellen Gastlokalen haben sich viele kleine Spezialitätenrestaurants, Imbißstuben und Restaurants mit ausländisch-

Wo schon Mozart verkehrte – Café Tomaselli

er Küche etabliert, die auch von den Einheimischen gern besucht werden. Die Essenszeiten: Frühstück meist von 7 bis 10 Uhr (es ist dem in Deutschland üblichen Frühstück vergleichbar). Mittagszeit ist im allgemeinen von 11.30 bis 14 Uhr, wobei Menüs aus zumindest drei Gängen bestehen. Abendessen wird in der Regel von 18 bis 22 Uhr serviert (Preiskategorien → S. 2).

Bars
→ Am Abend
Cafés
→ Treffpunkte
→ Restaurants
Heurigenlokale
→ Am Abend

Restaurants

Auerhahn Ehemaliges Vorstadtgasthaus, heute jedoch ein Geheimtip unter Feinschmeckern.
Bahnhofstr. 15
Tel. 5 10 52
Tgl. außer Di 9–24 Uhr, warme Küche 11.30–14 Uhr, 18–22 Uhr; Nov. geschl.
Buslinie 33
1. Kategorie

Bayrischer Hof Bürgerliches, exquisites Haus.

Kaiserschützenstr. 1
Tel. 5 41 70
Tgl. außer Sa und So; warme Küche 11–14.30 Uhr, 18–22 Uhr
Buslinie 77
1. Kategorie

Café Winkler Moderner Pavillonbau mit traumhaft schönem Blick über die Salzburger Altstadt.
(→ Treffpunkte)
Am Mönchsberg 32
Tel. 84 12 15-0
Tgl. außer Mo 11–24 Uhr, warme Küche 12–14 Uhr, 19–22 Uhr, Mo in der Festspielzeit geöffnet
Buslinien 1, 2, 15, 29, 49, 95
Luxuskategorie

Doktorwirt Altes Wirtshaus mit engagierter junger Küchenführung.
Glaser Str. 9
Tel. 2 29 73

Tgl. außer Mo 11.30–22 Uhr, Festspielzeit 23 Uhr; 1. Nov.–6. Dez. sowie 2. und 3. Woche im Feb. geschl.
Buslinie 49
2. Kategorie

Zum Elefant-Ratsherrnkeller Inmitten der Altstadt ein Platz zum Ausruhen. Österreichische Küche.
Sigmund-Haffner-Gasse 4
Tel. 84 33 97
Tgl. 11.30–23 Uhr; Di (außer Festspielzeit), 1. Septemberwoche und 3 Wochen im Nov. geschl.
2. Kategorie

Gablerbräu Das alte Brauhaus kombiniert bürgerliche Küche mit Vollwertkost.
Linzer Gasse 9
Tel. 8 89 65
Tgl. 11.30–23 Uhr
Buslinien 1, 2, 5, 6, 27, 29, 51, 55
3. Kategorie

Goldener Hirsch Wenn man sagt, daß hier Herbert von Karajan Stammgast war und auch heute andere Festspielgrößen nach ihren Premieren hier dinieren, steht der Rang des Hauses fest.
Getreidegasse 37
Tel. 84 85 11
Tgl. 12–14.30 Uhr und 18.30–21.30 Uhr; während der Festspielzeit lange Küche
Luxuskategorie

Happy Chinese Einer der vielen chinesischen Köche in der Stadt, doch hier kehren auch Chinesen gern ein. Kantonesische Küche.
Linzer Gasse 47
Tel. 87 22 88
Tgl. 12–14.30 Uhr, 18–23.30 Uhr
Buslinien 1, 2, 5, 6, 27, 29, 51, 55
3. Kategorie

K + K Rustikale, weitläufige Gaststätte mit viel Atmosphäre.
Waagplatz 2
Tel. 84 21 56
Tgl. Sommer 11–22.30 Uhr, Winter 11.30–22 Uhr; Jan.–März So geschl.
1. Kategorie

Kobenzl Die Familie Herzog hat hier auf halber Höhe des Gaisberges ein elegantes und gleichzeitig anheimelndes Haus geschaffen mit einer Küche, von der man verwöhnt wird. Panoramablick über die Stadt.
Gaisbergstr. 11
Tel. 64 15 10
Tgl. 7–24 Uhr, warme Küche 11–14.15 Uhr, 18–21.15 Uhr, während Festspiele bis 23 Uhr; geschl. Nov.–März

---

Mehr als nur Essen und Trinken

Augustinerbräu
Herrlich, bei Sonnenschein im Biergarten zu sitzen (S. 17).

Bazar
Oase der Ruhe im Trubel der Stadt (S. 17).

Friesacher's Heuriger
Für Freunde des Volkstümlichen und Bodenständigen (S. 58).

Tomaselli
Schon Mozart genoß hier Kuchen und Atmosphäre bei einem Blick in die Zeitung (S. 19).

Winkler
Der phantastische Ausblick auf die Stadt und die hervorragenden Gerichte belohnen für die Mühen des langen, aber wunderschönen Aufstiegs (S. 19, 50).

Albus, verkehrt ab Mirabellplatz zweimal tägl.
Luxuskategorie

Krimpelstätter Heimatliche Kost, Wildgerichte und hausgemachte Würste sind die Spezialität des Hauses. Ein beliebter Treffpunkt der Salzburger Prominenz. Mit einem wunderschönen Garten.
(→ Treffpunkte)
Müllner Hauptstr. 31
Tel. 3 22 74
Di–So 10–24 Uhr
Buslinien 27, 29
3. Kategorie

Zum Mohren Gepflegtes Speisen in einem Altstadtgewölbe.
Judengasse 9
Tel. 84 23 87
Tgl. außer So und Feiertag 11–23 Uhr; Nov. geschl.
2. Kategorie

Österreichischer Hof – Zirbelzimmer An der Salzach gelegenes Palais der Gründerzeit, stets eine renommierte Adresse.
Schwarzstr. 5–7
Tel. 8 89 77
Tgl. 12–14 Uhr, 18–22.30 Uhr
Buslinien 1, 2, 15, 27, 29
Luxuskategorie

Pitter Restaurant, Garten und Pitterkeller garantieren eine gleichbleibend hohe Qualität bürgerlicher Küche.
Rainerstr. 6–8
Tel. 8 89 78-0
Tgl. 7–24 Uhr, warme Küche 11.30–14.15 Uhr, 18–21.30 Uhr
Buslinien 1, 2, 5, 6, 51, 55
3. Kategorie

Pomodoro Giovanni und Brigitte Tomassetti führen eine »himmlische« Trattoria mit erlesener italienischer Küche.
Eichstr. 54 (früher Kirchenwirt)
Tel. 87 55 54 (Reservierung notwendig)

Tgl. außer Mo, Di 11.30–13.15 Uhr, 18–21 Uhr; Weihnachten, Mitte Juli–Ende Aug. geschl.
Buslinien 27, 33
1. Kategorie

Purzelbaum im Schwarzwirt Der Wirt hat Maß genommen am französischen Bistro.
Zugallistr. 7
Tel. 84 88 43
Tgl. außer So 11.30–14 Uhr, 18–23 Uhr
Buslinie 5
1. Kategorie

Riedenburg Verfeinerte, bodenständige Küche.
Tel. 84 92 64
Mo–Sa 12–14 Uhr, 18–22.30 Uhr warme Küche; So in der Festspielzeit geöffnet
Buslinien 1, 2, 15, 29
1. Kategorie

Schloß Aigen Idyllischer Gasthof, gemütlich, mit Gastgarten. Bodenständige, aber leichte Küche.
Schwarzenbergpromenade 37
Tel. 2 12 84
Tgl. außer Mi 11–24 Uhr, warme Küche 12–14 Uhr, 18.30–21.45 Uhr
Buslinie 49
1. Kategorie

Schloßhotel Mönchstein Auf dem auslaufenden Mönchsberg liegt dieses altehrwürdige, antik eingerichtete Schloß, in dem man wohl die Zeit vergessen kann.
Am Mönchsberg 26
Tel. 84 85 55-0
Tgl. 7.30–24 Uhr, warme Küche Sommer 11–24 Uhr, Winter 11–23 Uhr
Luxuskategorie

Sheraton-Restaurant Mirabell Die internationale Hotelkette hat hier ein Restaurant mit sehr viel bodenständigem Flair geschaffen. Mittagsbuffet.

Auerspergstr. 4
Tel. 88 99 90
Tgl. 7–23.30 Uhr, warme Küche
Sommer 12–14, 18.30–23.30 Uhr,
Winter 12–14, 18.30–22 Uhr
Buslinien 1, 2, 5, 6, 51, 55
Luxuskategorie

Stadtkrug Feine und deftige Küche in wirklich gemütlicher Atmosphäre.
Linzer Gasse 20
Tel. 87 82 44
Tgl. 11–23 Uhr
6. Jan.–Ostern geschl.
Buslinien 1, 2, 5, 6, 27, 29, 51, 55
3. Kategorie

Sternbräu Mehrere Gaststätten, angefangen vom Biergarten mit Selbstbedienung über ein italienisches Lokal bis zu getäfelten Stuben mit Landesküche.
Griesgasse 23
Tel. 84 21 48
Tgl. 8–23 Uhr
Buslinien 1, 2, 15
3. Kategorie

Stieglkeller Beliebtes Bierlokal mit Garten.
Festungsgasse 10
Tel. 84 26 81
Tgl. 10–22 Uhr, warme Küche
11.30–14 Uhr, 18–21.30 Uhr;
Okt.–Ende April geschl.
3. Kategorie

Stiftskeller St. Peter (Peterskeller)
Das älteste Wirtshaus in Salzburg mit holzgetäfelten Stuben und einer ausgezeichneten Atmosphäre. Hier ißt man eine gute Hausmannskost.
St.-Peter-Bezirk
Tel. 84 12 68
Tgl. 9–24 Uhr (im Winter Mo geschl.); 2. Kategorie

Zwettler's Für Leute, die nur schnell etwas trinken oder sich an österreichischer Küche ergötzen wollen. Treffpunkt vieler Studenten.
(→ Treffpunkte)
Kaigasse 3
Tel. 84 00 44
Mo–Sa 11.30–24 Uhr
3. Kategorie

Getränke- und Speisenlexikon

Getränke·
Einspänner: schwarzer Kaffee mit Schlagsahne
großer Brauner: Kaffee mit wenig Milch, in großer Tasse
großer Schwarzer: schwarzer Kaffee, in großer Tasse
Gspritzter: Achtel Wein mit Mineral- oder Sodawasser verdünnt (gespritzt)
Heuriger: Wein der letzten Ernte, der am 11. November des Folgejahres »alt« wird
Jagatee/Jägertee: süßer schwarzer Tee mit Rum und Schnaps
kleiner Brauner: Kaffee mit wenig Milch, in kleiner Tasse
kleiner Schwarzer: Kaffee in kleiner Tasse
Krügel: großes Glas Bier (0,5 Liter)
Maß: ½ oder 1 l Bier im Steinkrug

Melange: mit Wasser »verlängerter« Brauner mit Schlagsahne
Pfiff: etwa ein Achtel Bier
Salzburger: Bohnenkaffee mit Malzkaffee gemischt und mit Milch
Seidel: kleines Glas Bier (0,3 Liter)
Verlängerter: Kaffee mit etwas mehr Wasser

Speisen
Apfelkren: Meerrettich mit geriebenen Äpfeln
Apfelstrudel: Butterteig mit Apfelfüllung, Rosinen, Nüssen, Butterbröseln
ausgezogener Apfelstrudel: Apfelstrudel aus Strudelteig, Füllmasse mit Butterbröseln bestreut

Backhendl: paniertes, gebackenes Huhn

Beugel: Gebäck in Hörnchenform mit Mohn- oder Nußfüllung

Beuschel: Lungenhaschee

Biskuitroulade: gerollte Biskuitmasse, mit Marmelade gefüllt

Blunzen: Blutwurst

Brettljause: kalte Platte mit Speck, Braten oder/und verschiedenen Wurstsorten, Käse und dazu Bier oder Schnaps

Buchteln: schmalzgebackene Hefeteigkuchen, mit Marmelade gefüllt, oft mit Vanillesauce serviert

Eierschwammerl: Pfifferlinge

Erdäpfel: Kartoffeln

Erdäpfelschmarrn: Röstkartoffel

faschierte Laibchen: Hamburger oder Buletten

Faschiertes: gehacktes Fleisch, Hackbraten

Fisolen: grüne Bohnen

Fleischleibchen: Frikadellen

Frankfurter: Wiener Würstchen

Frittatensuppe: Rindsuppe mit nudelig geschnittenen Pfannkuchen

gebackene Mäuse: Germteigstrauben

Gebäck: Sammelbegriff für Brötchen

Gebildbrote: besonders geformte Brote aus Milchbrotteig, z. B. zu Ostern mit einem Ei in der Mitte

Germknödel: Hefeklöße mit Zwetschgenmusfüllung, dazu Mohn, Zucker und braune Butter

Germteig: Hefeteig

Geröstete: Röstkartoffeln

Geselchtes: geräuchertes Schweinefleisch

Golatschen: gefüllte Hefe- oder Mürbteigtaschen

Grammelknödel: mit Grieben gefüllte Knödel

Grammeln: Grieben

Grammelschmalz: ausgelassenes Schweineschmalz mit Grieben

Häuptelsalat: Kopfsalat

Herrenpilz: Steinpilz

Heurige: frisch geerntete Kartoffeln

Indianer mit Schlag: Mohrenköpfe mit Schlagsahne

Jause: Zwischenmahlzeit, Vesper

Kaiserschmarrn: Süßspeise aus Eidotter, Eischnee, Milch, Mehl, Zucker, Rosinen

Kalbsvögerl: kleine Kalbsschnitzel in Sauce

Karfiol: Blumenkohl

Karree: Rippenstück

Kasnocken: Käsespätzle

Kastanienreis: pürierte Maronen, meist mit Schlagsahne serviert

Kipferl: Weißgebäck in Hörnchenform

Kletzenbrot: Brotteig aus Roggenmehl, vermischt mit getrockneten Birnen, Zwetschgen, Feigen, Rosinen, Datteln usw., stark gewürzt

Kohl: Wirsing oder Grünkohl

Kohlsprossen: Rosenkohl

Kraut: Weißkohl

Krautfleckerl: Nudeln mit Weißkohl

Kren: Meerrettich

Krenfleisch: Schweinefleisch mit Schwarte, Meerrettich, Wurzelgemüse

Laibchen: kleine, runde oder ovale Brötchen

Liptauer: Brotaufstrich aus Quark mit Paprika und Zwiebeln

Lungenbraten: Lendenbraten, Filet

Marillen: Aprikosen

Marillenknödel: Aprikosen in Kartoffel- oder Brandteig gehüllt und gekocht, mit Butter, Brösel und Zucker bestreut

Mehlspeise: Sammelbegriff für süße Nachspeisen und Konditorwaren

Milchrahmstrudel: Topfenstrudel in warmer Vanillesauce

Mohnnudeln: Nudeln aus Kartoffelteig mit Mohn, Zucker, Butter

Mohr im Hemd: somuffléartige Schokoladenspeise, mit Schlagsahne garniert

Obers: Sahne

Oberskren: Meerrettich mit Sahne

Symphonie für Marzipan und Geige – Konditorei in der Getreidegasse

Palatschinken: Pfannkuchen mit Marmeladenfüllung
Paradeiser: Tomaten
Pofesen: mit Zwetschgenmus gefüllte Brötchen, in gezuckerter Eiermilch mit Rum eingeweicht und gebraten
Powidl: Pflaumenmus

Rehrücken: Schokoladenkuchen mit Schokoladenglasur, mit geschälten Mandeln gespickt
Ribiseln: Johannisbeeren
Rostbraten: schnell abgebratenes Rippenstück vom Rind
rote Rüben: rote Bete

Sachertorte: Schokoladentorte mit Aprikosenmarmelade
Salzburger Nockerln: Eischneemasse mit Zucker, Mehl, Eidottern, Vanillezucker, im heißen Backrohr gebacken
Schinkenfleckerl: Nudel-Schinken-Auflauf
Schlagobers: Schlagsahne
Schlögel: Kalbs- oder Hammelkeule
Schlosserbuben: Dörrpflaumen mit Mandeln gespickt, in Weinteig gebacken, mit Schokolade übergossen
Schnee: geschlagenes Eiklar

Schwammerl: Pilze
Selchfleisch: geräuchertes Schweinefleisch
Semmel: Brötchen aus Weizenmehl
Serviettenknödel: Semmelknödel in Scheiben geschnitten
Stelze: Schweins- oder Kalbshaxe, Eisbein
Strudel: Blätter- oder Mürbteig mit Füllung
Sulz: Sülze

Tafelspitz: gekochtes, kleinfaseriges Rindfleisch, serviert mit Apfelmeerrettich, Röstkartoffeln und Schnittlauchsauce
Topfen: Quark
Topfenstrudel: Blätterteig mit Quarkfüllung, warm oder kalt serviert

Vogerlsalat: Rapunzelsalat

Weichseln: Sauerkirschen
Windbäckerei: Schaumgebäck aus Eischnee und Zucker

Zwetschgenknödel: siehe Marillenknödel
Zwetschgenröster: eingedickte, kleingeschnittene Pflaumen

Hotels

Salzburg zählt zu den international begehrten Reisezielen, vor allem Tagestouristen kommen aus dem weiten österreichischen und bayerischen Umkreis. Mit rund 1,6 Millionen Übernachtungen zeigen die 175 Hotels, Gasthöfe und Pensionen mit über 10 360 »gewerblichen Betten« eine gute Auslastung. Das Angebot wird ständig erweitert, und internationale Hotelketten lassen sich in immer stärkerem Maß nieder.

Eine Auswahl zu treffen ist immer schwierig. Im folgenden werden Häuser genannt, die eine besondere Salzburger Note haben (Preiskategorien → S. 2).

Auerhahn Ein Vorstadtgasthof mit schönen Zimmern und herausragender Küche.
Bahnhofstr. 15
Tel. 5 10 52
Buslinie 33
2. Kategorie, 15 Zi

Austrotel Salzburg Neue österreichische Hotelkette, die sich durch gediegene Führung einen Namen gemacht hat. Nahe Schloß Mirabell.
Mirabellplatz 8
Tel. 88 16 88-0
Buslinien 1, 2, 6, 27, 29, 51, 55
1. Kategorie, 74 Zi

Bayrischer Hof Ein traditionsreiches Haus in der Nähe des Hauptbahnhofs mit Schallisolation.
Kaiserschützenstr. 1
Tel. 5 41 70
Buslinie 77
1. Kategorie, 60 Zi

Brandstätter Aus einem rustikalen Gasthof wurde ein elegantes Haus. Nahe der Autobahn gelegen, vor allem für Autobesitzer geeignet.
Münchner Bundesstr. 69
Tel. 3 45 35
Buslinien 29, R
1. Kategorie, 36 Zi

Elefant Zentrales, modernes Altstadthotel in einem über 700 Jahre alten Gebäude.

Sigmund-Haffner-Gasse 4
Tel. 84 33 97
1. Kategorie, 38 Zi

Goldene Krone Komfortables Haus zu Füßen des Kapuzinerberges.
Linzer Gasse 48
Tel. 87 23 00 und 87 83 52
Buslinien 1, 2, 5, 6, 27, 29, 51, 55
2. Kategorie, 27 Zi

Zur Goldenen Ente Gediegenes, gemütliches Haus in der Altstadt.
Goldgasse 10
Tel. 84 56 22 und 84 09 87
2. Kategorie, 17 Zi

Goldener Hirsch Eine mit Antiquitäten ausgestattete Nobelherberge.
Getreidegasse 37
Tel. 84 85 11
Luxuskategorie, 75 Zi

Haus Egger-Lienz Reines Ferienhotel: geöffnet 1. Juli–30. Sept., sonst Studentenwohnheim.
Egger-Lienz-Gasse 9
Tel. 2 08 04
Buslinien 51, 95
1. Kategorie, 106 Zi

Hofwirt Nach Totalumbau ist der alte Gasthof empfehlenswert.
Schallmooser Hauptstr. 1
Tel. 88 14 84
Buslinie 29
2. Kategorie, 59 Zi

Kobenzl Ein Haus zum Träumen und Verweilen. Prominentes Urlaubsdomizil außerhalb der Stadt an den Hängen des Gaisberges.
Gaisbergstr. 11
Tel. 64 15 10
Nov.–März geschl.
Luxuskategorie, 36 Zi

Zum König Ludwig Ein mächtiges Wirtshaus, auch wegen seiner Küche gerühmt.
Moosstr. 72
Tel. 84 67 21 und 84 09 87
Buslinie 60
2. Kategorie, 21 Zi

Kohlpeter Liebenswürdige, preisgünstige Urlaubsbleibe.
Lieferinger Hauptstr. 23
Tel. 3 36 41
15. Nov.–15. Dez. geschl.
Buslinie 29
3. Kategorie, 22 Zi

Nonntal Ein familiäres Haus.
Pfadfinderweg 6–8
Tel. 84 14 27 und 84 67 00
1.–28. Nov. geschl.
Buslinien 5, 55
2. Kategorie, 20 Zi

Österreichischer Hof Ein Nobelhotel in einem wunderschönen Palais der Gründerzeit.
Schwarzstr. 5–7
Tel. 8 89 77
Buslinien 1, 2, 5, 6, 27, 29, 51, 55
Luxuskategorie, 120 Zi

Pflegerbrücke Ein ruhiges Haus in wunderschöner Landschaft.
Pflegerstr. 53
Tel. 84 17 97
Okt. geschl.
2. Kategorie, 20 Zi

Pitter Ein fast 100jähriges bürgerliches Hotel in guter Stadtlage, hält stets mit dem Komfort der Zeit Schritt, ohne in kostspielige Höhenflüge zu geraten.
Rainerstr. 6–8
Tel. 8 89 78-0
Buslinien 1, 2, 5, 6, 51, 55
1. Kategorie, 200 Zi

Rosen-Hotel Salzburg Ein Ferienhotel, geöffnet 1. Juli–30. Sept. Sonst Studentenwohnheim.
Strubergasse 1
Tel. 39 63 90
Buslinien 1, 2, 29, 49, 77, 95
2. Kategorie, 94 Zi

Schloß Mönchstein Über, aber in der Stadt gelegen.
Am Mönchsberg 26
Tel. 84 85 55-0
Luxuskategorie, 17 Zi

Schöne Aussicht Mit Blick über ganz Salzburg.
Heuberg 3
Tel. 64 06 08-0
Nov.–Feb. geschl.
1. Kategorie, 28 Zi

Sheraton Salzburg Modernster Komfort. Die Internationalität ist gemildert durch lokales Ambiente.
Auerspergstr. 4
Tel. 88 99 90
Buslinien 1, 2, 5, 6, 51, 55
Luxuskategorie, 165 Zi

Stadtkrug Ein Gasthaus mit allem Komfort in guter Stadtlage.
Linzer Gasse 20
Tel. 87 35 45
Buslinien 1, 2, 5, 6, 27, 29, 51, 55
2. Kategorie, 25 Zi

Überfuhr Gasthof für die kleine Brieftasche, aber gut.
Ignaz-Rieder-Kai 43
Tel. 2 30 10
20. Okt.–15. Nov. geschl.
Buslinie 49
3. Kategorie, 21 Zi

Weiße Taube Schönes Wohnen in der Altstadt.
Kaigasse 9
Tel. 84 24 04 und 84 17 83
1. Kategorie, 33 Zi

Am Abend

Sehr deutlich ist zu unterscheiden zwischen abendlichem Programm und Nachtleben. Für eine Stadt wie Salzburg ist das Abendprogramm sehr vielfältig, ausgerichtet nicht nur für Salzburger, sondern auch für die große Zahl von Gästen. Hier soll nur am Rande auf das Angebot von Festspielen verschiedener Art verwiesen werden. Gleichzeitig gibt es Vortragsreihen der Universität, Literaturveranstaltungen und öffentliche Sendungen des ORF, die in der Tageszeitung »Salzburger Nachrichten«, die sehr stark junge Musik, Gruppen und kulturelle Aktivitäten unterstützt, angekündigt und besprochen werden. Es ist also zu empfehlen, in den Salzburger Tageszeitungen nachzuschauen, was abends in der Stadt geschieht.

Brauchtum

Alpinia Vorführungen des 1891 gegründeten Gebirgstrachtenvereins Alpinia: Volkstänze, Volks- und Alpenlieder, Schuhplattler, Jodler, Zither, Harfe, Hackbrett, Harmonika und Bauernmusik.
Im Stieglkeller, Festungsgasse 10
Tel. 3 99 18
Juni nur Mi; Juli–Aug. Mi und Sa; bis Mitte Sept. Mi
Salzburger Stierwascher Tanz, Musik und Lieder der Heimat.
Wappensaal des Festungsrestaurants Hohensalzburg
Mitte Juni–Ende Sept. Di und Fr
Tel. 84 17 80

Casino

Casino Salzburg Gehört zur Gruppe der Casino Austria AG. Roulette, Bakkarat, Black Jack, Spielautomaten.
Am Mönchsberg 32 (Café Winkler/ Casino Salzburg)
Tel. 84 56 56-0
Tgl. ab 16 Uhr
Auffahrt mit dem Mönchsberglift

Heurigenlokale

Diem's Buschenschenke
Neutorstr. 34
Tel. 84 12 97
Tgl. 16–23.30 Uhr
Buslinien 1, 2, 4

Friesacher's Heuriger Ein beliebtes Lokal der Einheimischen in Anif, unmittelbar vor der Stadtgrenze. Lassen Sie besser den Wagen stehen, nehmen Sie ein Taxi.
Anif 55
Tel. 0 62 46/24 11-14
Tgl. außer Di 16–24 Uhr
Buslinie 55
Kastner's Schenke
Schallmooser Hauptstr. 27
Tel. 87 11 54
Tgl. außer Sa 17–23 Uhr
Buslinie 4
Rainberg-Heuriger
Leopoldskronstr. 5
Tel. 84 77 77
Tgl. 17–1 Uhr
Buslinien 1, 2, 15, 29
Steinlechner Heuriger und Bieriger.
Aignerstr. 4
Tel. 2 90 01
Tgl. außer So 17–24 Uhr
Buslinien 6, 49

Konzerte und Musik

Festungskonzerte Kammermusikabende im Fürstenzimmer der Festung Hohensalzburg.
Hohensalzburg
Programmauskunft Tel. 84 88 22
Beginn 20.30 Uhr
Mozart-Serenaden Kammermusikensemble im Gotischen Saal des

Bürgerspitals und im Schloß und Garten von Hellbrunn.
Tel. 85 11 68
Beginn 20 Uhr
Buslinie 55 (Hellbrunn)
Schloßkonzerte Renommierte Veranstaltungsreihe mit internationalen Ensembles.
Schloß Mirabell oder Residenz
Tel. 87 27 88
Beginn jeweils 20.30 Uhr
Buslinien 1, 2, 5, 6, 27, 29, 51, 55 (Schloß Mirabell)
Urbankeller Jazzclub.
Schallmooser Hauptstr. 50
Tel. 87 08 94
Fr 20−24 Uhr Jazz
Buslinie 29

Die Szene

Bis vor wenigen Jahren gab es in Salzburg kaum ein Nachtleben. Die Zahl der Lokale, die über die Sperr-stunde hinaus geöffnet hatten, die man als Nachtschwärmer besuchen konnte, war sehr klein. Doch wie in so vielen Städten sind auch in Salzburg »In-Lokale« entstanden, haben sich »Bermuda-Dreiecke« gebildet, in denen man untertauchen kann. Diese Szene ist ständig in Bewegung: Neue Lokale blühen auf, wechseln mit dem Besitzer das Ambiente. Hier einige Lokale, die sich schon länger bewährt haben und in der Szene beliebt sind.

Andreas Hofer Ein altbewährtes Lokal, vor allem Studententreff ganzer Generationen mit Hausmannskost und Südtiroler Weinen.
Steingasse 65
Tel. 87 27 69
Tgl. außer Sa 19−1 Uhr
Buslinien 5, 6, 49, 51, 55, 95
Bazillus Der Name sagt schon, daß sich hier die Menschen drän-

Salzburg als »Königin der Nacht«

gen. Laut und lustig geht es zu, im Sommer auch im Freien stehend.
Imbergstr. 2 a
Tel. 87 16 31
Sommer tgl. 11–1 Uhr, Winter 17–1 Uhr
Buslinien 5, 6, 49, 51, 55, 95
The Birdie's   Kleines Speiserestaurant, Sa mit Weißwurst-Frühschoppen und Laugenbrezeln.
Schallmooser Hauptstr. 25
Tel. 88 22 66
Tgl. 16–1 Uhr, Sa 11–1 Uhr
Buslinie 29
Büro   In dieser American Bar flattern die Nachtschwärmer.
Richard-Mayr-Gasse 1
Tel. 87 72 97
Tgl. 19–3 Uhr, So keine Speisen
Buslinien 1, 2, 5, 6, 27, 29, 51, 55.
Chez Roland   Für alle, denen noch etwas Spaß macht! Das ist die Devise dieses Abendlokals in einem schönen Keller, das ein Dauerhit in der Szene ist.
Giselakai 15
Tel. 87 43 35
Tgl. außer So 18–1 Uhr
Buslinien 5, 6, 49, 51, 55, 95
Cloud   Eine Bar mit Musik und Tanz für junge Leute.
Lederergasse 10
Tel. 87 67 28
Tgl. 21–3 Uhr
Buslinien 1, 2, 5, 6, 29, 51, 55
Am Kai   Gegrilltes vom Holzofen.
Giselakai 17
Tel. 87 32 18
Tgl. außer Mo 19–2 Uhr; Di 22–24 Uhr Jazz- und Bluesband
Buslinien 5, 6, 49, 51, 55, 95
KÖ   Billard- und Freizeitclub.
Priesterhausgasse 14
Tel. 88 13 56
Mo–Fr 12–24 Uhr, Sa und So 18–24 Uhr
Buslinien 1, 2, 5, 29, 49, 51, 55, 95
Saitensprung   Beliebtes In-Lokal mit warmen Kleinigkeiten.
Steingasse 11
Tel. 88 13 77
Tgl. 21–3 Uhr
Buslinien 5, 6, 49, 51, 55, 95

Schroeder   Exklusive American Bar und Stehgarten. Berühmt durch Feste, die alle drei Monate anläßlich eines Dekorationswechsels steigen.
Imbergstr. 22
Tel. 87 74 54
Sommer tgl. 17.30–4 Uhr, Winter tgl. 16–4 Uhr
Buslinien 5, 6, 49, 51, 55, 95
SOG   → Treffpunkte
Triangel   Für den, der preiswert essen will.
Wiener-Philharmoniker-Gasse
Tel. 84 47 65
Tgl. außer Sa 18–1 Uhr, während der Festspiele auch 11.30–14 Uhr

Theater

Elisabethbühne   Ein Kellertheater mit einer inzwischen professionell arbeitenden Gruppe, die engagiertes Theater macht.
Plainstr. 42
Tel. 5 06 46 und 71 81 74
Buslinie 6
Kleines Theater   Modernes, sehr engagiertes Theater mit Musik und Kabarett.
Schallmooser Hauptstr. 50
Tel. 87 21 54
Buslinie 29
Landestheater   Oper, Operette und Schauspiel. Erfolgreicher Intendant, erfolgreiches Ensemble und breitgefächertes Repertoire.
Großes Haus, Kammerspiele und *Kleines Haus*
Schwarzstr. 22 und 24
Tel. 87 15 12-21
Im Sommer geschl.
Buslinien 1, 2, 5, 6, 27, 29, 51, 55
Marionettentheater   Künstlerische Puppenspiele mit der Aufführung kompletter Opern.
Schwarzstr. 24
Tel. 87 24 06
Buslinien 1, 2, 5, 6, 27, 29, 51, 55
TOI-Haus – Theater am Mirabellplatz   Rock und Pop, Jugendbühne.
Hubert-Sattler-Gasse 3
Tel. 87 44 39
Buslinien 1, 2, 5, 6, 27, 29, 51, 55

Einkaufen

Sicher, in den deutschen Großstädten gibt es riesenhafte Geschäfte, lange Auslagenfronten und preisgünstige Angebote. Wer unter diesem Gesichtspunkt in Salzburg einkaufen will, sollte es lieber bleiben lassen. Was diese Stadt auszeichnet, sind die Vielfalt der Geschäfte und der Augenschmaus, den die Läden bieten – angefangen bei den Geschäftsfassaden, schmiedeeisernen Geschäftszeichen, Verkaufsgewölben bis hin zu jenen Dingen, die in dieser Region hergestellt werden. Wer all dies zu schätzen weiß, für den wird ein Einkaufsbummel sicherlich zu einem Vergnügen.

Grundsätzlich sind die Geschäfte von 8 oder 9 bis 12 Uhr, nachmittags von 14 oder 14.30 bis 18 Uhr und samstags von 8 oder 9 bis 12 Uhr geöffnet. Viele Geschäfte sind aber auch über Mittag offen. Am ersten Samstag jedes Monats ist langer Einkaufstag bis 17 Uhr.

Antiquariate

Peter Matern Verkaufsgewölbe mit breitem Angebot an Graphik.
Linzer Gasse 5
Buslinien 1, 2, 5, 6, 27, 29, 51, 55
Johann Müller Der Inhaber hat aus seinem Hobby, dem Sammeln alter Bildpostkarten, einen Beruf gemacht.
Hildmannplatz 1a
Buslinien 1, 2, 15, 29
Weinek Ein bezauberndes Büchergewölbe.
Steingasse 21
Buslinien 5, 6, 49, 51, 55, 95

Antiquitäten

Buchinger-Pöhlmann Die oberösterreichische Firma hat vor Jahren diese Filiale eröffnet, in der vor allem Möbel mit Schwerpunkt Biedermeier und Barock sowie Gegenstände der Volkskunde des 18. und 19. Jh. angeboten werden.
Theatergasse 1
Buslinien 1, 2, 15, 27, 29
Peter-Paul Burges Jugendstilobjekte sowie Porzellan und Schmuck des 18. und 19. Jh.
Gstättengasse 31
Buslinien 1, 2, 15, 29, 49, 95

Dies & Das Der Name der Firma steht für die Breite des Angebots an Antiquitäten aller Art.
Goldgasse 13
Erika Eccli Kleinobjekte des Jugendstils und Schmuck.
Gstättengasse 23
Buslinien 1, 2, 15, 29, 49, 45
Guggenberger Hervorragende Adresse für bäuerliche Möbel und Gebrauchsgegenstände der Volkskunst.
Gstättengasse 4
Buslinien 1, 2, 15, 29, 49, 95
Michael Menzel Alte Graphiken, vor allem Ansichten des süddeutschen und österreichischen Raums aus dem 18. und 19. Jh., Landkarten aus ganz Europa, Möbel und Porzellan des 19. Jh.
Getreidegasse 13
Johann Stollenberger Jugendstilmöbel und Glas der 50er Jahre.
Goldgasse 5
Vitrine am Museum Altes Kunstgewerbe, Schmuck und Glas.
Franz-Josef-Kai 15
Buslinien 27, 49, 60, 80, 95
Brigitte Zeller von Zellhaim Bürgerliche Möbel des 18. und 19. Jh.
Ursulinenplatz 7
Buslinien 27, 49, 60, 80, 95

Mit Trachten läßt sich auch heute noch Staat machen

Blusen und Dessous

Corseterie Damen- und Kinderwäsche, Bademode.
Sterngäßchen-Passage
Rositta Ein Hauch von Spitze...
Alter Markt 15
Sperl Wäsche, Mieder und Bademode.
Rathausplatz/Ecke Kranzlmarkt
Buslinien 5, 6, 49, 51, 55, 95

Confiserien

Fürst Die Café-Konditorei wurde 1884 gegründet und fertigt nach eigenen Angaben die »Original-Mozartkugel«.
Brodgasse 13

Konditorei Ratzka Unscheinbar im Äußeren, aber ein Geheimtip für Einheimische.
Imbergstr. 45
Buslinien 6, 55
Paul Reber Die bekannte Confiserie aus Bad Reichenhall, gleichfalls Hersteller von Mozartkugeln, hat sich in Salzburg an zwei markanten Punkten niedergelassen.
Alter Markt 5 und Griesgasse 3
Buslinien 1, 2, 15, 27, 29 (Griesgasse)
Schatz-Konditorei Bezauberndes Ambiente und köstliche Konditoreiwaren.
Schatz-Durchhaus
Getreidegasse 3

Jedes Schild ein Kunstwerk – die Getreidegasse

»**Zuckerlmayr**« heißt im Volksmund dieser Zuckerlladen von Josef Holzermayr.
Alter Markt 7

Geschenke

Heimatwerk Handweben, Keramik, Schnitzarbeiten, Christbaumschmuck, Volkskundliches.
Residenzplatz 9
Roittner Ein großer Geschenkeladen (gegenüber Mozarts Geburtshaus).
Getreidegasse 8
Werkstatt-Galerie Broe Phantasievolle Gürtel.
Herrengasse 22

Gewürzsträuße

Blumenstube
Universitätsplatz 14
Blumen-Constanze Gewürzsträuße und Puppengalerie.
Sigmund-Haffner-Gasse 18
Blumen Doll Riesenauswahl an Gewürzsträußen und Seidenblumen. Der ganze Hof duftet.
Getreidegasse 7 (Durchhaus)

Glas

Handwerkskunst in Glas Glaskunst internationaler Meister, aber auch heimische mundgeblasene Arbeiten.
Sigmund-Haffner-Gasse 14

Holzwaren

Johann Lackner Drechsler-Erzeugnisse und Schnitzereien, Bauernmöbel.
Badergäßchen 2
Buslinien 1, 2, 15, 27, 29, 49, 95

Jagdausrüstung

Dschulnigg Die erste Adresse für alles, was zum Jagen und Fischen notwendig ist.
Griesgasse 8
Buslinien 1, 2, 15, 27, 29, 49, 95

Keramik

Gmundner Keramik Keramik in ländlichem Design, nostalgisch und modern.
Franz-Josef-Kai 5
Buslinien 1, 2, 15, 27, 29, 49, 95
Gruppe H Keramik nach Entwürfen von Künstlern dieser Gruppe mit modernem Design.
Getreidegasse 25 (Durchhaus)

Lederwaren

Ennsmann Moderne Lederwaren und Gürtel.
Getreidegasse 31
Brüder Fritsch Feine Lederwaren und Schuhe.
Getreidegasse 42–44
Jahn-Markl Das Geschäft führt seinen Ursprung bis auf 1408 zurück. Damals wurden die Salzburger Gerber erstmals urkundlich genannt. Der Inhaber Erwin Markl stellt in seiner Firma aus Überzeugung bodenständige Trachten und Lederkostüme her.
Residenzplatz 3
Koffercenter
Badergäßchen 1
Buslinien 1, 2, 15, 27, 29, 49, 95
Hubert Slecak Feine Lederwaren, Koffer und Reiseartikel werden hier angeboten.
Makartplatz 8 und Churfürststr. 4
Buslinien 1, 2, 5, 6, 27, 29, 51, 55 (für Makartplatz)

Maßschuhe

Florian Haderer Dieser Spezialist für Trachten- und Sportschuhe hat seine Werkstatt in Großgmain und eine Niederlassung in der Stadt.
Mi 10–18 Uhr
Pfeifergasse 3

Mode

Dantendorfer Sportliche bis junge Mode für Damen und Herren.
Getreidegasse 33 und 38
Hallo Bazar Boutiquenmode.
Universitätsplatz 13
Hoflehner am Waagplatz Klassische englische und zeitlose Mode für Damen und Herren.
Waagplatz 5
Resmann Couture Führendes Modehaus der Haute Couture der Stadt.
Rudolfskai 6
Getreidegasse 15
Getreidegasse 25 (für Herren)
Buslinien 5, 6, 49, 51, 55, 95 (für Rudolfskai)

Münzen

Günther Schwaighofer Großes Angebot vor allem Salzburger Münzen. Außerdem Medaillen und Kleinantiquitäten.
Giselakai 15
Buslinien 5, 6, 49, 51, 55, 95

Schallplatten

Bootleg Records Das Schallplattengeschäft für New Wave und US-Importe.
Herrengasse 28a
Emi Columbia-Austria Musik mit Niveau
Universitätsplatz 15
Heinrich Katholnigg Die klassische Adresse für Musikliebhaber.
Sigmund-Haffner-Gasse 16
Oldies Paradise Das Sammlerzentrum für Oldies, spezialisiert auf Musik der 50er Jahre.
Mo–Fr 14–18 Uhr, Sa 9–12 Uhr
Schallmooser Hauptstr. 23
Buslinie 29

Sound of Music Ein Geschäft für junge Leute.
Judengasse 18

Schmuck

Antiquitäten im Franziskankloster Alter Schmuck.
Franziskanergasse 5a (Zugang zu St. Peter)

Paul Koppenwallner Prominente Meisterwerkstätte, Edelsteinlabor, Platinstudio, antiker Schmuck.
Alter Markt 7 und Universitätsplatz 4

Lährm Antike Juwelen, Preisklasse nach oben offen.
Universitätsplatz 5 und 16

H. von Rautenberg Nachfolger Bestechend ist das große Angebot an altem Granatschmuck.
Alter Markt 15

Gebrüder Stubhann Modernes Schmuckdesign.
Alter Markt 15 und Linzer Gasse 31
Buslinien 1, 2, 5, 6, 27, 29, 51, 55 (für Linzer Gasse)

Spezialitäten

Stranz & Scio Spezereiwarenhandlung in Mozarts Geburtshaus.
Getreidegasse 9

Stoffe

In Antiquitätengeschäften und bei den zahlreichen »Edeltrödlern« sind immer wieder ganze Ballen altes, handgewebtes, bäuerliches Leinen zu ergattern. Man sollte bei einem Stadtbummel danach fragen.

Heimatwerk Leinen und Dirndlstoffe.
Residenzplatz 9

Leinenstube Christa Holy Liebenswürdige Stube mit viel Atmosphäre.
Kaigasse 6

Teppiche

Adil Besim Wiener Qualitätsteppichhaus mit Salzburger Niederlassung. Neue Gebrauchsteppiche, aber auch turkmenische und kaukasische Teppiche, neu und antik. Pflege des Nomadenteppichs, Zier- und Gebrauchsgegenstände von Nomaden.
Sigmund-Haffner-Gasse 8

Galerie Sailer Franz Sailer, Sachverständiger für alte Textilkunst des Wiener Museums für angewandte Kunst, ist spezialisiert auf antike Teppiche und Gewebe. Er pflegt vor allem den Teppich als Kunstwerk. Reiches Sortiment an Kelims und alten Chinateppichen.
Wiener-Philharmoniker-Gasse 3

Trachtenbekleidung

Geiger-Hüte Spezialist für Trachtenhüte.
Residenzplatz 5

Lanz Dirndl-, Loden- und Leinenbekleidung nach eigenen Schnitten.
Schwarzstr. 4 und Imbergstr. 5
Buslinien 5, 6, 49, 51, 55, 95 (für beide Geschäfte)

Madl am Grünmarkt Originelle und extravagante Sport- und Trachtenmode sowie Seidenhanddrucke.
Universitätsplatz 12

Wachszieher und Lebzelter

Nagy Werkstatt für künstlerische Wachswaren, Modeln, Bienenwachskerzen, Honiglebkuchen-Spezialitäten.
Getreidegasse 48 u. Linzer Gasse 32
Buslinien 1, 2, 5, 6, 27, 29, 51, 55 (für Linzer Gasse)

Franz Weber Lebzelter und Wachszieher, Kerzen für religiöse Feiern, Wachsfiguren, künstlerische Kerzen, Lebzelterei im alten Laden.
Getreidegasse 3 (Schatz-Durchhaus)

Zinnwaren

Salzburger Zinnstube Traxler Feinzinnwaren nach alten Formen.
Goldgasse 8

Zinngießerei Martin Schall
Maxglaner Hauptstr. 19
Buslinie 27

Feste, Festspiele, Messen

Fällt in Salzburg das Wort Fest, so wird das selbstredend mit Festspielen gleichgesetzt. Sie sind die dominierende Festivität im Lande. Es gab sogar ein Gesetz, daß zu dieser Zeit keine andere Veranstaltung stattfinden durfte. Als junge Menschen die »Szene der Jugend« gegen die Alleinherrschaft der hohen Kultur gründeten, konnte dieses Protestfestival nur mit politischem Druck durchgesetzt werden. Gleichzeitig wird auf die Festspiele geschimpft: auf die Qualität, die Verschwendung und auf das Publikum, das angeblich aus aller Welt nur kommt, um sich festlich gekleidet sehen zu lassen und »unter sich« zu sein. Diese Stimmen gab es von Anfang an. Und doch sind die Festspiele eine großartige Institution, die niemand in Salzburg missen möchte. Das Zauberwort heißt »Umwegrentabilität«, denn ohne Festspiele würden die Fremdenverkehrsbilanz und die Bilanzen so mancher Geschäfte schlecht ausschauen. Ja, man war sehr froh, als Karajan mit seinen Osterfestspielen einen neuen Fixpunkt im kulturellen Geschehen setzte, obwohl umstritten und kritisiert, aber eben auch und erst recht umjubelt.

Daneben hat sich eine Reihe von festlichen Veranstaltungen einen treuen Freundeskreis geschaffen. Der Festkalender ist inzwischen so dicht, daß es kaum noch Lücken gibt. In Salzburg ist immer Saison. Und finden nicht gerade Festspiele statt oder andere Veranstaltungsreihen, so gibt es das ganze Jahr hindurch Konzerte, Serenaden, Vorträge, Theaterabende, Jazz live und anderes mehr. Salzburg verfügt ebenfalls über ein sehr lebendiges Brauchtum, dessen wichtigste Veranstaltungen Sie hier ebenfalls finden.

Feste und Festspiele

Im Frühling:

Aspekte Festival für Neue Musik. Seit 1977 informiert diese Veranstaltungsreihe über internationale Entwicklungen der Gegenwartsmusik. Mai
Vereinssitz Lasserstr. 6
Tel. 78 86 84

Brauchtumskalender Georgiritt der Bürgergarde auf die Festung zur Kirche St. Georg. Ursprünglich war der Ritt eine Flurweihe; später wurde der Segen Gottes auf die Stadt erbeten. April

Frühlingssingen Dieser Brauch führt viele Menschen in der Großen Aula der Universität zusammen. 2. Sa im Mai

Osterfestspiele Diese Musikveranstaltung wurde von Herbert von Karajan ins Leben gerufen. Ursprünglich zur Pflege von Wagner Opern geplant, hat sie sich zu einem Musikfestival gewandelt. Für die Osterfestspiele gibt es ausschließlich Abonnements für das komplette Programm. Osterwoche
Osterfestspiele Salzburg
Festspielhaus
Tel. 84 25 41-3 61

Pfingstkonzerte Herbert von Karajan hat auch diese Konzertreihe geschaffen. Pfingsten
Pfingstkonzerte Salzburg
Festspielhaus
Tel. 84 13 07

Philharmonische Ostern Eine beliebte Kammermusik-Reihe der »Salzburger Schloßkonzerte«.
Ostern
Direktion der Salzburger Schloßkonzerte
5024 Salzburg
Makartplatz 9
Tel. 87 27 88

Salzburger Dult In der Altstadt findet die Eröffnung statt, dann geht es im Festzug in das Ausstellungsgelände am Stadtrand zu einer Art Publikumsmesse, Kirtag und Oktoberfest. Ende Mai/Anfang Juni

Salzburger Stier Ein Kabarett-Forum. Juni
ORF-Studio
Nonntaler Hauptstr. 49d
Tel. 84 35 11

Im Sommer:

Fackeltanz Zur jährlichen Festspieleröffnung (→ Salzburger Festspiele) führen Brauchtumsgruppen den Salzburger Bindertanz und den Fackeltanz auf dem Residenzplatz auf. Ende Juli

Fest in Hellbrunn Seit 1970 wird in Hellbrunn nach barockem höfischem Vorbild ein Fest in Schloß und Park gefeiert – mit Ballett, kleinen Opern, Pantomime, Kabarett, Rezitation, Ensemble- und Solomusik, zum Abschluß ein Feuerwerk. Bei Schlechtwetter werden Teile des Festes in die Residenz verlegt. Aug.
Schloßverwaltung Hellbrunn
Tel. 84 16 96
oder »Fest in Hellbrunn«
5027 Salzburg
Postfach 47
Tel. 87 87 84

Festmessen Im Dom und in der Franziskanerkirche finden sonn- und feiertags zu den Hauptgottesdiensten Aufführungen von Festmessen statt. Beachten Sie entspre-

Etwa alle zehn Jahre findet in Salzburg das große Landesbrauchtumsfest statt, 1990 nahmen 14 000 Aktive teil

chende Anschläge an den Kirchen und Hinweise in den örtlichen Tageszeitungen.

Promenadenkonzerte Bei günstiger Witterung werden im Mirabellgarten Promenaden- und Leuchtbrunnenkonzerte veranstaltet.
Promenadenkonzerte: Anfang Mai–Ende Aug. So und feiertags 10.30 Uhr
Leuchtbrunnenkonzerte: Juni–Aug. Mi abends
Freier Eintritt

Salzburger Festspiele Von dem Dreigestirn Max Reinhardt, Hugo von Hofmannsthal und Richard Strauss 1920 ins Leben gerufen, wurden die Festspiele zu einem der bedeutendsten Festivals der Welt. Das Programm: Opern, Schauspiele, Ballett, Orchesterkonzert, Solistenabende, Serenaden und der berühmte »Jedermann«. Für diese Veranstaltungen müssen Karten schon ein halbes Jahr im voraus bestellt werden. Doch gibt es oftmals für eine Reihe von Aufführungen und Konzerten Restkarten bei Kartenbüros und im Kartenbüro des Festspielhauses. Auch die Portiers der großen Hotels können bei einem dringenden Kartenwunsch hilfreich sein. Oftmals gelingt es unmittelbar vor Beginn einer Veranstaltung, Karten vor der jeweiligen Festspielstätte zu bekommen. Ende Juli/Aug.
Kartenbüro der Festspiele
5010 Salzburg
Postfach 140
Tel. 84 25 41

Szene Die frühere »Szene der Jugend« hat sich zur »Szene« gemausert. Zeitgenössische Musik, Kleinkunst und experimentelle Projekte. Mai, Juli, Aug., Okt.
Szene
Internationales Tanz- und Theaterfestival
Waagplatz 1 a
Tel. 84 34 48

Tag der Blasmusik Konzerte verschiedener Blasmusikkapellen aus dem ganzen Land. 1. So im Aug.

Im Herbst:
Erntedankfest Die Feier findet im Dom statt. 4. So im Sept.

Ruperti-Kirtag Am Fest des Salzburger Patrons, des hl. Rupertus, findet am 24. Sept. das Rupertischießen der Festungs-Prangerschützen von der Festung Hohensalzburg statt. Rund um den Dom ist Kirtag, also der Markt zum Kirchweihfest, der Schausteller und Buden mit vielen Waren versammelt.

Salzburger Kulturtage Diese Veranstaltung der »Salzburger Kulturvereinigung« beschert der Stadt im Okt. ein qualitätsvolles Programm mit Opern und internationalen Konzertensembles.
Salzburger Kulturvereinigung
5020 Salzburg
Waagplatz 1 a
Tel. 84 53 46

Im Winter:
Adventblasen am Residenzplatz
Sa vor einem Adventsonntag nach 18 Uhr
Christkindlmarkt Auf dem Domplatz. Tgl. Ende Nov.–24. Dez.
Christmetten
Am 24. Dez. in allen Kirchen
Gang durch den Advent In der Großen Aula der Universität. Die Thematik ist verschieden; mit Lyrik, Vokal- und Instrumentalmusik. Sa Ende Nov.–Mitte Dez.
Kartenbüros
Glöcklerlauf Der alte Brauch in der Dreikönigsnacht ist zurückzuführen auf Umzüge zur Vertreibung der Wintergeister. 5. Jan.
Gnigler Krampuslauf und Anifer Perchtenlauf
Anfang Dez.
Mozartwoche Diese Veranstaltungsreihe, von der Internationalen Stiftung Mozarteum ins Leben gerufen, findet jährlich um Mozarts Geburtstag (27. Jan.) statt. Der Programmschwerpunkt: Mozarts frühe Werke. Das künstlerische Ziel: Maßstäbe für die Mozart-Interpretation zu setzen. Letzte Woche im Jan.

Kartenbüro der Internationalen Stiftung Mozarteum
5024 Salzburg
Postfach 34
Tel. 87 31 54

MotzArt-Woche Unter diesem frechen Titel hat sich seit einigen Jahren ein Kabarett-Festival einen weithin beachteten Namen gemacht. Ein Besuch ist zu empfehlen. Feb.

Salzburger Adventsingen Im Großen Festspielhaus. Karten werden meist schon ein Jahr im voraus bestellt. Ende Nov.–Mitte Dez.
Salzburger Heimatwerk
Abt. Adventsingen
Residenzplatz 9
Tel. 84 31 82

Weihnachtsblasen von der Katz Weihnachtslieder, nach Anbruch der Dämmerung. 24. Dez.

Messen

Die geographisch günstige Lage Salzburgs in der Mitte Österreichs und die Nähe zur benachbarten Bundesrepublik Deutschland haben die Stadt zu einem Zentrum für Verwaltungssitze großer Firmen werden lassen. Kein Wunder also, daß sich in den letzten Jahrzehnten das Messewesen gut entwickelt hat.

Auskünfte über genaue Termine sowie über neue Messen erteilt das Ausstellungszentrum Liefering (Bessarabierstraße 100, Tel. 3 45 66) und die Contactfachmesse (Tel. 3 75 51-1 46). Alle Messen, mit Ausnahme der Antiquitätenmesse, finden im Messegelände, Ausstellungszentrum Liefering, statt.

Januar:
AutoZum Zwei-Rad, Kfz- und Zweiradersatzteile, Motorräder usw.

TexBo Heim- und Haustextilien, Werkzeuge.

Februar:
Austro-Bau – Isotherm Bauen, Wohnen, Einrichten, Heizung und Isolierung.

JIM ER – es Junge Internationale Mode.

Tourf – Hohe Jagd – Fischerei Internationale Touristikmesse für Urlaub, Reise und Freizeit.

März:
Ösfa – Mode made in Austria Sportartikel, Trachtenmoden.

Souvenir – CreaTisch Reiseandenken, Tafelgeschirr und Tischkultur.

März/April:
Exposa Uhren und Schmuck.

Österreichische Handwerksmesse, Austro-Glas, Energie 2000 Sicherheit, Werkzeuge, Maschinen, Was-

serkraft, Solarenergie, Fachmesse für Arbeitsschutz und Gefahrenguttransport.

Salzburger Kunst- und Antiquitätenmesse In der Residenz vom Samstag vor Palmsonntag bis Ostermontag.

Mai:
Salzburger Dult Publikumsmesse und Vergnügungspark.

Juni:
PASS Werbefachmesse.

September:
Austrobüro Bürofachmesse.

JIM ER – es

Ösfa – Mode made in Austria

Souvenir – CreaTisch

Oktober:
Österreichische Möbelfachmesse in Salzburg

November:
Alles für den Gast – Sound Internationale Fachmesse für Hotels und Gaststätten sowie für Diskotheken und Lichteffekte.

Heim – Handwerk – Hobby

Sport

Die Stadt ist eingebettet in eine reiche Naturlandschaft, so daß vielfältige sportliche Betätigung möglich ist. Die Seen, zahlreiche Spazier- und Wanderwege sowie das gut ausgebaute Radwegenetz sind ein Paradies für Urlauber. Die nahen Berge bieten Bergwanderern und Skifahrern eine Fülle von Möglichkeiten. Unweit von Salzburg, in Hallein-Niederalm, ist überdies das Landes- und Universitätssportzentrum Rif angesiedelt, das allen Sportlern zur Verfügung steht (Tel. 0 62 45/70 35).

Im Sommer:

Angeln
Die Gewässer in und um Salzburg sind ideal für Angler. Auskünfte bei den Fremdenverkehrsinformationen (→ Info).

Bergsteigen und Bergwandern
Adressen von Bergführern und Bergsteigerschulen sind zu erfragen beim:
Österreichischen Alpenverein
Nonntaler Hauptstr. 86
Tel. 84 66 44

Fitneß
Fitneßparcours Naturpark Aigen
(1,4 km) und
Königswäldchen in Leopoldskron
(900 m)

Fliegen
Flugschule aeroCHARTER
Flughafen
Tel. 85 12 12

Golf
Golf- und Countryclub Salzburg
Schloß Klesheim (9 Löcher)
Salzburg-Wals
Tel. 85 08 51

Minigolf
Minigolf Bad Leopoldskron
Firmianstr.
Minigolf im Volksgarten
Minigolf Salzachsee
Lieferinger Hauptstr. 116
Tel. 3 43 86

Miniaturgolf Aigen
Schwarzenbergpromenade 39
Tel. 2 28 93
Salzburger Minigolfplätze
Weizensteinerstr. 8
Tel. 8 42 86 04

Radwandern
Wer kein eigenes Fahrrad zur Verfügung hat, kann sich eines leihen (→ Info). Bei den Informationsstellen der Stadt ist ein Plan des Radwegenetzes der Stadt zu erhalten.

Reiten
Reitstall Doktorbauer
Eberlingasse 5
Tel. 84 57 85
St.-Georg-Reitclub
Moosstr. 135
Tel. 83 06 90

Schwimmen
Hallenbad im Kurhaus
Auerspergstr. 2
Tel. 80 72-25 85
Öffentliche Freibäder
Alpenstraße
Tel. 2 08 32
Badesee Liefering
Tgl. 9–21 Uhr
Leopoldskron
Leopoldskronstr. 50
Tel. 84 32 52
Volksgarten
Tel. 2 31 83
Tgl. 9–20 Uhr
Die Freibäder sind von Mai bis Sept geöffnet.

Segeln

Die nahen Seen, vor allem des Flachgaues, bieten die Möglichkeit zum Segeln. Leihboote sind bei Bootsvermietungen zu erhalten. Mitglieder von Segelclubs können die Salzburger Segelclubs als Gäste besuchen und dort ihre Boote anlegen.

Auskünfte:

Haus des Sports

Aignerstr. 40

Tel. 8 04 20

Sommerrodeln

Gaisberg Zistelalm

Tel. 2 01 04

Mai–Okt. tgl. 9 Uhr bis Dämmerung

Squash

Erstes Salzburger Squashcenter

Moosstr. 188

Tel. 84 31 92

Squashcenter Liefering

Unter der Leiten 11

Tel. 3 21 97

Tennis

Salzburger Tennis-Club

Ignaz-Rieder-Kai 23

Tel. 2 24 03

Salzburger Tenniscourts Süd

Berchtesgadenerstr. 35

Tel. 84 13 83

Tenniscenter Kunsteisbahn

Hermann-Bahr-Promenade 2

Tel. 2 34 11

Tenniscenter Liefering

Unter der Leiten 11

Tel. 3 21 97

Tenniscenter Salzachsee

Abzweigung Theodorstr.

Tel. 3 79 78

Paracelsusstr. 30

Tel. 87 81 90

Trabrennbahn

Für den passiven Pferdesportler.

Salzburger Traberzucht und Rennverein

Liefering-Herrenau

Tel. 3 34 53

Im Winter:

Alpiner Skilauf

Schon in der unmittelbaren Umgebung der Stadt ist es möglich, sich dem Skilauf zu widmen, z. B. hochalpine Touren auf den Untersberg zu unternehmen. In der weiteren Umgebung liegen hervorragende Skigebiete, die leicht per Bus zu erreichen sind. Über Sportgeschäfte sind die Möglichkeiten des Skiverleihs zu erfragen. Auskünfte zu allen Fragen erhalten Sie bei der Fremdenverkehrsinformation (→ Info: Auskunft).

Eislauf

Kunsteisbahn Salzburg im Volksgarten

Hermann-Bahr-Promenade 2

Tel. 2 34 11

Sept.–März tgl. 10–12.30 Uhr, 14–16.30 Uhr, 19.30–22 Uhr

Eisstockschießen

Ein Sport mit viel Tradition. Zahlreiche Gasthöfe verfügen über Bahnen.

Skilanglauf

Langlaufloipen im Stadtgebiet in Hellbrunn (3 km), Salzachsee (2,5 km) und Gaisberg-Rauchenbühelhütte (2 km). In den Umlandgemeinden von Salzburg gibt es zahlreiche landschaftlich überaus schöne Langlaufloipen, die zu Tagesausflügen einladen.

Spaziergänge

Die recht kleine historische Altstadt ist heute zum größten Teil eine Fußgängerzone. Das heißt spazierengehen, will man Salzburg besichtigen. Man muß nur schauen können, um die Struktur der alten Stadt zu erkennen, deren Kern gotisch ist und weitgehend barockisiert wurde. Es haben sich viele wunderschöne Details erhalten, die es zu entdecken gibt: die Hauszeichen, Fensterlaibungen, die Wandmalereien und Steinreliefs, die eisernen Gitter und kunstvoll gestalteten Portale. Deshalb ein Ratschlag: Lassen Sie sich Zeit.

Über den Hohen Weg ins Nonntal

Beginnen wir den Spaziergang in der Kaigasse, von der man durchaus auch in die Seitengassen ausschwärmen sollte. Von der Kaigasse in Richtung Mönchsberg zweigt die Herrengasse ab. Hier findet sich auch eine traditionsreiche Kunstschlosserei. Gehen Sie durch die Festungsgasse aufwärts, vorbei am Stieglkeller. Benutzen Sie den linken Weg, der am Berghang entlangführt. Es ist der Nonnbergweg, der »Hohe Weg«, der sich, eng an den Berg schmiegt, bis zum Kloster hinzieht. Jeder Schritt dieses Weges bietet einen bezaubernden Blick auf die Stadt. Rechts steigt der Wald zur Festung an. Als deren erste Türme emporwuchsen, stand das Kloster Nonnberg schon mehr als 300 Jahre. Man sieht auf die Häuser hinab, vor allem auf die eigenartig konstruierten Grabendächer, die typisch für Salzburg sind. Die Brüstung der Stützmauer wird plötzlich durch den »Nonnberger Hund« unterbrochen, den Torso eines romanischen Löwen, der einst als Grenzzeichen das Gebiet des Klosters Nonnberg markierte, das als Land im Lande eine eigene Gerichtsbarkeit hatte. Wer diese Gemarke erreichte, durfte von städtischen Bütteln nicht weiterverfolgt werden.
Eine winzige Pforte in der Mauer kennzeichnet die Mündung eines unterirdischen Ganges, der – inzwischen verfallen – unter dem Nonn-

berg zur Festung führte und als geheimer Gang für Späher oder Boten diente. Kurz darauf beginnt eine hohe Gartenmauer, in die das Wappen der Äbtissin Magdalena I. von Schneeweiß eingelassen ist. Dann ist das Stift der Benediktinerinnen zu sehen. Durch einen breiten Torbogen betritt der Spaziergänger den Klosterbezirk. Oberhalb des Tores steht in einer Nische eine Skulptur der hl. Erentrudis aus dem 15. Jh. Der Besucher spürt an diesem Flecken Erde, wenige hundert Meter vom Trubel der Innenstadt entfernt, was Stille ist. Sitzbänke laden zum Verweilen ein, die Aussicht reicht über die südlichen Stadtteile bis zu den Alpen (→ Sehenswertes, Nonnberg).
Anschließend gehen wir die Nonnberggasse weiter. An der Südseite verlassen wir den Klosterbezirk durch ein Tor und gelangen entweder durch die schmale Erhardgasse oder auf der Nonnberggasse durch die anschließende Brunnhausgasse in das Nonntal. Das Nonntal war ein Handwerkerviertel und zeigt eine Reihe sehr schöner Bürgerhäuser mit sehenswerten Fassaden und Portalen. Im Flur des Hauses Nonntaler Hauptstraße 18 ist ein Madonnenrelief aus keramischen Kacheln zu sehen. Im Haus Nr. 20 hat 1862 Peter Cornelius die Oper »Der Cid« komponiert. Dann folgt die Erhardkirche (→ Sehenswertes), anschließend ein Siechenhaus für Pest- und Aussatz-

kranke mit einem gotischen Spitzbogenportal. Die Schanzlgasse führt zum Kajetanerplatz und in die Kaigasse zum Ausgangspunkt zurück.

Mirabellgarten

Schloß und Mirabellgarten, heute inmitten der Stadt gelegen, waren einst von Erzbischof Wolf Dietrich von Raitenau als Landsitz vor den Toren der Stadt erbaut worden. Es war ein Geschenk für die Bürgerstochter Salome Alt, die dem geistlichen Fürsten als Lebensgefährtin ein Kind nach dem anderen geboren hat. Hinter den Mauern dieses Schlosses führte sie ihr recht einsames Leben, bis sie schließlich aus Salzburg fliehen mußte. Der Garten, ein Ort paradiesischer Heiterkeit, ist mit großer Raffinesse angelegt. Der lange, schmale Hauptgarten ist in der Längsachse so geführt, daß sich als perspektivischer Hintergrund die Festung anschließt. Vom Rosenhügel aus, einer kleinen Erhebung zwischen Mirabellgarten und heutigem Kurpark, bietet sich der beste Blick, gleichzeitig auch der schönste Standort für ein Foto von Salzburg. Der Garten wird mit viel Liebe und Sorgfalt nach den Ideen des Hofgärtners Franz Anton Danreiter aus dem frühen 18. Jh. erhalten.

Der Garten, das Große Parterre, ist eine Kunstlandschaft voll architektonischer Spielereien. Am Eingang des Gartens beim Makartplatz sind zwei geschwungene Reihen von Göttinnen- und Götterstatuen auf die Balustraden gesetzt. Den Eingang flankieren zwei Postamente mit Figuren von Faustkämpfern. Das Mittelfeld des Parterres wird von vier mythologischen Figurengruppen auf Felspostamenten flankiert, die 1619 geschaffen wurden. Der Garten ist seiner Anlage nach italienisch, die Bepflanzung dem örtlichen Klima entsprechend ausgewählt. Vom Kleinen Parterre des Gartens führt ein grün belaubter Gang als Schattenspender am großen Parterre entlang. In seinem Inneren steht ein Brunnen aus der Zeit Wolf Dietrichs: Er zeigt eine Susanne im Bade, die sich die stämmigen Waden wäscht – angeblich ein Porträt von Salome. Anschließend ein kleiner grüner Irrgarten mit dem ältesten erhaltenen Heckentheater nördlich der Alpen, um 1715 angelegt. Auf den Resten der alten Bastion liegt ebenfalls ein Garten, in dem bucklige, feixende Narren, die Zwerge, aufgestellt sind. Ein Besuch des Schlosses mit der wunderschönen Engelsstiege und dem Marmorsaal beendet diesen Spaziergang.

Von Salzburg nach Hellbrunn

Einer der schönsten Spaziergänge abseits des Menschengewimmels ist der Fußweg von der Stadt zum Schloß Hellbrunn. Ausgangspunkt ist die Endstation des City-Busses auf dem Parkplatz Nonntal. Von hier geht der Weg nach Freisaal. Dieses kleine Wasserschloß, das nicht besichtigt werden kann, ist in einem Saal des Obergeschosses mit prachtvollen Renaissancefresken aus der Mitte des 16. Jh. geschmückt. Für die Geschichte Salzburgs ist das Schloß sehr wichtig. Von hier aus ritten die neuen Erzbischöfe in die Stadt und nahmen damit offiziell das Land in Besitz.

Kurz danach beginnt die Hellbrunner Allee, an der einige alte Schloßbauten liegen: die Frohnburg, heute Eigentum der Musikhochschule Mozarteum, die Embsburg, von Marcus Sitticus für die von ihm verehrte Frau von Mabon erbaut, und Emslieb, Ansitz des Hannibal von Hohenems, eines liederlichen Neffen des Erzbischofs.

Nun geht es in den Schloßbezirk. Besuchen Sie die köstlichen Wasserspiele, besichtigen Sie das Schloß, oder gehen Sie weiter durch den Schloßhof in den Park. Am Tor zum Park ist eine kleine Orangerie zu bewundern. Wegweiser führen durch den Schloßpark zum Tierpark, dessen Anlage besonders reizvoll ist. An seinem Ende gibt es einen Ausgang in den weiten Park, durch den man zurückspazieren kann – entweder durch die weitläufigen Wiesen oder über den Hellbrunner Hügel. Dieser Weg führt am traditionsreichen Steintheater und dem Volkskundemuseum im Monatsschlößl vorbei und durch den Park zurück zur Bus- oder Taxihaltestelle. Sie können auch zu Fuß zum Parkplatz im Nonntal gehen. Nicht nur die Schlösser und Anlagen, sondern auch die Landschaft und die Parks sind einen Besuch wert. Selbst im Winter ist dieser Spaziergang ein Erlebnis.

Stadtbummel

Ganz gleich, wo dieser Stadtbummel beginnt, das Zentrum läßt sich leicht erwandern. Nehmen wir an,

Sie gehen am Residenzplatz los, also jenem riesigen Geviert, das heute noch ungepflastert und mit Makadam belegt ist und in dessen Mitte der herrliche Residenz-Brunnen steht. Es folgt der Domplatz mit seiner kühlen Eleganz, die sich im Inneren des Domes fortsetzt. Dann schließt sich der Kapitelplatz mit der großen Schwemme an, wo einst die Rosse der Herren des Domkapitels getränkt wurden. Gehen Sie durch das bescheidene Gittertor hinein in den St.-Peter-Bezirk. Der Friedhof ist in seiner liebenswerten Art ein eher fröhlicher Gottesacker, anschließend die behäbige Stiftshof und die Stiftskirche mit ihrer Rokokopracht. Es sind nur noch wenige Schritte bis zur Franziskanerkirche. Betreten Sie die Kirche aber nicht durch das dem Ausgang von St. Peter gegenüberliegende Portal, sondern gehen Sie die Kirche entlang, um durch das Westtor einzutreten. Denn der Blick vom Dunkel des romanischen Langhauses in den licht-

Majestätisch beherrscht die Hohensalzburg das Stadtpanorama

durchfluteten gotischen Hochchor mit seinen schier schwerelosen Gewölben ist einzigartig. Die Madonna des Südtiroler Bildschnitzers Michael Pacher lächelt vom Hochaltar. Der Weg zwischen Franziskanerkirche und -kloster führt zum Festspielhaus. Davor ist der Weg in die Parkgaragen angezeigt. Im Felsenkeller des Toscaninihofes finden Sie einen köstlichen Weinausschank mit der Möglichkeit, mitgebrachte Speisen zu verzehren (geöffnet 15–23 Uhr, Sa 10–23 Uhr).

Frisch gestärkt können Sie sich nun für einen längeren Spazierweg durch Hofstallgasse, Gstättengasse und Getreidegasse zurück zum Alten Markt entscheiden. Oder gehen Sie durch die Wiener-Philharmoniker-Gasse direkt zum Universitätsplatz und durch eines der Durchhäuser mit den schönen Innenhöfen in die Getreidegasse. Von dort ist es nicht weit bis zum Alten Markt, dem Hauptplatz der Bürgerstadt, und durch die Judengasse zum Waag-platz, wo einst die städtische Waage stand und Recht gesprochen wurde. Wenn man bedenkt, daß diese Gassen noch vor gut hundert Jahren Hauptstraßen waren – die breiten Straßen entlang der Salzach existierten damals noch nicht –, so erkennt man den Wandel der Stadt.

Apropos Salzach. Es ist empfehlenswert, beim Rathaus zur Salzach zu gehen und sich auf die Staatsbrücke zu stellen, denn von hier aus sind flußauf und flußab interessante Stadtblicke gegeben. Als der Fluß noch nicht reguliert war, reichte er beiderseits bis an die Häuserfronten. Sie können nun über die Brücke in den rechten Teil der Stadt spazieren, denn auch die Linzer Gasse hat ihren Reiz. Sie endet mit dem kulturhistorisch interessanten Sebastiansfriedhof. Zurück gehen Sie durch die Steingasse mit ihren Antiquitätenläden und über den Mozartsteg. Auch die Karolinenbrücke am Ende der Steingasse bringt Sie zurück in die Altstadt.

Ausflüge

Für nichtmotorisierte Besucher werden bei den Abfahrtsstellen der Sightseeing-Touren auf dem Residenzplatz und dem Mirabellplatz auch Ausflüge in die nähere und weitere Umgebung angeboten (Informationen → Info: Auskunft).

Großgmain und Freilichtmuseum

Großgmain, zu Füßen des Untersberges direkt an der Grenze zu Bayern gelegen, ist eine alte Siedlung, von der noch die gotische *Pfarrkirche* aus dem Ende des 15. Jh. erhalten ist. Sie wurde barockisiert, besitzt aber bedeutende Werke der gotischen Kunst Salzburgs: eine Salzburger Gußstein-Muttergottes aus dem 14. Jh. und sechs Tafelbilder des »Meisters von Großgmain« um 1496. Sehenswert ist der barocke Marienbrunnen auf dem Kirchplatz. Außerhalb des Ortes steht die Ruine Plainburg, Stammburg des ursprünglich bayerischen, später salzburgischen Ministerialengeschlechts der Grafen von Plain. Großgmain ist auch der Ausgangspunkt von Wanderungen in den Naturpark des Untersberges in landschaftlich traumhafter Lage. Vor allem aber ist der Besuch des Salzburger *Freilichtmuseums* zu empfehlen. Dort sind auf einem riesigen Gebiet Bauernhäuser, Gehöfte, Getreidekästen, eine alte Schule und ein Kirchlein aufgebaut – alte Bauten aus den Salzburger Gauen, wie seit dem Mittelalter die Bezirke genannt wurden. Diese Bauten wurden von einem Team des Museums abgetragen und auf dem Gelände des Freilichtmuseums wieder aufgebaut.

Pfarrkirche
Anmeldungen zu Führungen: Tel. 0 62 47/2 45

Freilichtmuseum
Mitte März–1. Nov. tgl. außer Mo 9–18 Uhr
Tel. 85 00 11

Eintritt Erw. 40 öS, Kinder 20 öS, Familienkarte 90 öS
Anfahrt: Postbus vom Hauptbahnhof (Auskunft: Tel. 1 67), mit dem Wagen über Maxglan-Flughafen

Hallein

15 km südlich von Salzburg liegt die alte Salinenstadt Hallein, nach deren Salzvorkommen das Land, die Landeshauptstadt und der Fluß ihren Namen erhalten haben. Ein Besuch von Hallein ist zu empfehlen, denn dieser Ort mit seinen markanten Bauwerken ist auch heute noch sehenswert. Die Dekanantskirche mit dem gotischen Chor ist 1800 klassizistisch umgebaut und erweitert worden. In der Nähe liegt Franz Xaver Gruber, der Komponist von »Stille Nacht, Heilige Nacht«, begraben. Die gotische Peterskapelle wurde 1384 gebaut. Vor allem ist das *Keltenmuseum* im ehemaligen Salinenamtsgebäude wichtig, denn es besitzt mit seinen Funden aus der Keltenzeit vom Dürrnberg von 500 bis 15 v. Chr. eine Sammlung von europäischem Rang.

Mit der Seilbahn fährt man auf den Dürrnberg, wo die Führungen durch das *Salinenbergwerk* beginnen. Es ist ein Weg in die Welt des Salzgesteins, die zutiefst beeindruckend ist. Alle Besucher bekommen leinene Bergknappenanzüge zum Überziehen.

Keltenmuseum Hallein
Pflegerplatz 5
Tel. 0 62 45/27 83
25. April–30. Sept. tgl. 9–17 Uhr,
1.–18. Okt. tgl. 12–17 Uhr
Eintritt Erw. 38 öS, Kinder 10 öS

Salinenbergwerk Dürrnberg
Mai–Okt. tgl. 9–17 Uhr
Führungen (Dauer etwa 1½ Std.)
Eintritt Erw. 95 öS, Kinder 50 öS
Anfahrt: Autobahn oder Bundesstraße Richtung Süden; mit dem Zug oder Bahnbus
Haltestellen: Busbahnhof (Bahnhofsvorplatz), Marcus-Sitticus-Str., Schwarzstr. und Mozartsteg
Auskunft über die Abfahrtszeiten: Tel. 87 21 50

Maria Plain

Der Plainberg im Norden der Stadt zählt zu den beliebtesten Hausbergen. Von hier aus ist die Stadt schon etwas in die Ferne gerückt und bietet eine andere Silhouette. Vor allem die Maler der Romantik haben diesen Blick auf ihren Bildern eingefangen.
Den Grundstein für die auf dem Plainberg thronende Wallfahrtskirche legte 1671 Erzbischof Max Gandolf von Kuenburg. Die Geschichte des bis heute aktiven Wallfahrtsortes: Als die Schweden den bayerischen Ort Regen einäscherten, blieb nur ein kleines Marienbild unversehrt. Eine Kopie dieses Bildes, das als Gnadenbild verehrt wurde, wurde 1652 in einer Holzkapelle aufgestellt. Es kamen mehr und mehr Wallfahrer, es entstanden größere Kapellen, bis schließlich im 18. Jh. der Hofbaumeister Giovanni Antonio Dario die Kirche erbaute, in der 1732 das Original des Gnadenbildes aufgestellt und 1751 feierlich gekrönt wurde. Zur Erinnerung an dieses Fest entstand 1779 Mozarts Krönungsmesse, die also erstmals in Maria Plain erklang.
Das Innere der Kirche ist in deftigen Farben getönt. Der Besucher, der über keinen Wagen verfügt, muß wie die Wallfahrer zu Fuß auf den Plainberg gehen. Einer der Wege führt über die Treppen des Kalvarienberges, vorbei an Skulpturen und einer Kreuzigungsgruppe, ein

anderer über die bequemere Straße. Anmeldung zur Touristen-Führung: Tel. 5 01 94
Buslinie 6 auf der rechten Stadtseite bis zur vorletzten Station Plainbrücke
Autobahnabfahrt Salzburg-Nord

St. Gilgen – St. Wolfgang – Bad Ischl

Ein angenehmer Tagesausflug. Nehmen Sie die Stadtausfahrt durch Gnigl, vorbei an der Auffahrt zum Gaisberg. Die Straße führt über Fuschl, am gleichnamigen See vorbei, nach *St. Gilgen*. Der Name dieses Ortes am Ufer des Wolfgangsees leitet sich vom französischen »Saint Gilles« ab, dem heiligen Ägidius. St. Gilgen liegt am Beginn des Salzkammergutes, jenes Teiles Österreichs, in dem früher Adelsfamilien und begüterte Großbürger Sommerfrische machten. An den Häusern mit ihren Veranden, Balkonen und grüngestrichenen Holzverkleidungen ist vielfach noch der Einfluß dieser reichen Familien zu erkennen. In St. Gilgen sind das Heimathaus und eine Mozartgedächtnisstätte zu besichtigen, denn in dem alten Pfleggericht wirkte Nikolaus Pertl, dessen Tochter Anna Maria die Mutter des großen Komponisten ist. Aber auch Nannerl, die Schwester Mozarts, wohnte von 1784 bis 1801 als Gattin des Pflegers Johann Berchtold von Sonnenburg in diesem Haus (Ischler Str. 15).
Weiter fahren Sie den Wolfgangsee entlang bis zur deutlich ausgeschilderten Schiffsanlegestelle Gschwendt, die von der Bundesstraße links abzweigt. Stellen Sie den Wagen auf dem großen Parkplatz ab, und fahren Sie mit dem Schiff in etwa zehn Min. Fahrzeit über den See nach *St. Wolfgang*. St. Wolfgang, durch die Operette weithin bekannt, und das Hotel »Weißes Rößl am Wolfgangsee« sind Touristenattraktionen. Der Ort ist einen

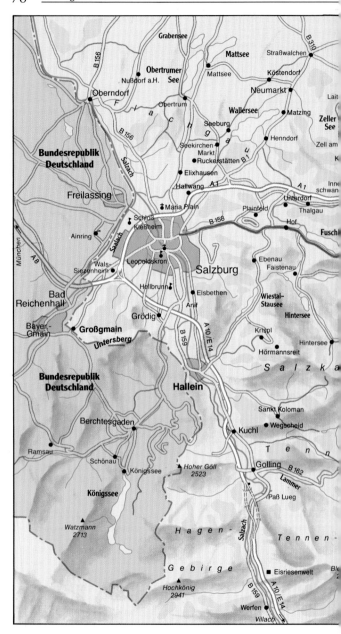

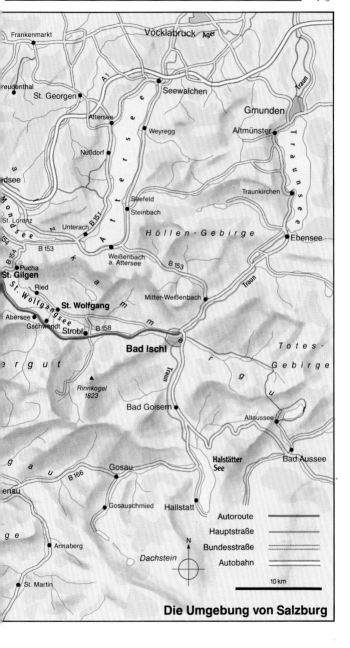

Die Umgebung von Salzburg

Besuch wert, denn der weltberühmte riesige Schnitzaltar Michael Pachers zählt zu den Höhepunkten gotischer Kunst. Sie können auch mit dem Auto über Strobl um den See herum nach St. Wolfgang gelangen. Doch genießen Sie lieber die kurze Fahrt mit dem nostalgischen Dampfer. Zurück mit dem Dampfer nach Gschwendt, und dann geht die Fahrt nach Bad Ischl, der Sommerfrische des Kaisers.

Dort, 57 km von Salzburg entfernt, residierte Kaiser Franz Joseph I. Die *Kaiservilla* ist auch heute in habsburgischem Besitz, aber *Park* und Villa sind zur Besichtigung geöffnet. Es ist beachtenswert, wie bescheiden der Kaiser des Vielvölkerstaates lebte. Im Marmorschlößl des Kaiserparkes, das einst für die Teestunden der Kaiserin Elisabeth erbaut wurde, ist ein *Fotomuseum* untergebracht. Operettenfreunde sollten auch die *Lehár-Villa* besichtigen.

Ein Spaziergang durch Bad Ischl sowie ein Besuch der schönen Parkanlage und des Kurhauses gehören ebenfalls zu diesem Ausflug. Vor der Rückfahrt nach Salzburg ist noch ein wichtiger Programmpunkt zu erledigen: der Besuch der weltberühmten Konditorei Zauner, bekannt durch exquisite Konditorwaren nach eigenen Rezepten. Guten Appetit!

Bad Ischl

Fotomuseum
1. April–31. Okt. tgl. 9.30–17.30 Uhr

Kaiservilla
Ostern und ab April Sa und So, 1. Mai–15. Okt. tgl. 9–12 Uhr, 13–17 Uhr
Auskunft unter Tel. 0 61 32/32 41

Lehár-Villa
Ostern, 1. Mai–30. Sept. tgl. 9–12 Uhr, 14–17 Uhr

Park
Ganzjährig geöffnet

St. Gilgen
Anfahrt über Gnigl Richtung Graz (etwa 30 km)

St. Wolfgang
Anfahrt per Schiff: Schiffsanlegestelle Gschwendt
Auskunft über Abfahrtszeiten:
Tel. 0 61 38/22 39
Anfahrt mit dem Wagen über Strobl

Untersberg

Von Salzburg kann man direkt in die alpine Welt fahren. Das ist einzigartig. Die Buslinie 55 bringt den Besucher nach Hellbrunn, von dort geht es nach Grödig und direkt zur Talstation. St. Leonhard, 12 km von Salzburg entfernt, ist der Ausgangspunkt der *Seilbahn* auf den Untersberg (→ Magazin). Die überwältigende Fernsicht macht diesen Ausflug zu einem besonderen Erlebnis.

Seilbahnbetrieb
25. Dez.–28. Feb. tgl. 10–16 Uhr; März–Juni tgl. 9.15–16.45 Uhr; Juli–15. Sept. 8.30–17.30 Uhr; 16. Sept.–31. Okt. 9.15–16.45 Uhr; 1. Nov.–24. Dez. geschl.
Berg- und Talfahrt 160 öS, Bergfahrt 95 öS, Talfahrt 75 öS
Buslinie Marazeck (Untersberg)

Werfen – Eisriesenwelt

Werfen, 36 km südlich von Salzburg gelegen, ist als Ausflugsziel seiner Burg wegen interessant. *Hohenwerfen* steht weithin sichtbar auf einem steilen Felskegel. Die Burg wurde 1077 von Erzbischof Gebhard erbaut. Im Bauernkrieg 1526 niedergebrannt, wurde sie wenige Jahre danach instand gesetzt und ausgebaut. Im Dreißigjährigen Krieg wurde die Burg befestigt. Nach der Landnahme durch die Franzosen 1804 dem Verfall preisgegeben, wurde Hohenwerfen um die Jahrhundertwende von Erzherzog Eugen, Hoch- und Deutschmeister, wieder instand gesetzt. Ein Brand im Palas zerstörte 1931 Dächer, Decken und wertvolles Inventar. Noch in demselben Jahr wurde mit dem Wiederaufbau begonnen. Hohenwerfen ist die nach der Festung Ho-

Die Burg Hohenwerfen wurde dreimal zerstört und wieder aufgebaut

hensalzburg bedeutendste Burganlage im Lande.

Von Werfen aus erreichen Sie die *Eisriesenwelt*, die größte Eishöhle der Erde. Im Jahr 1879 wurde die Höhle entdeckt und 200 m weit begangen. Forscher haben bisher Gänge mit einer Gesamtlänge von 42 km feststellen können. In 1656 m über dem Meeresspiegel liegt in den südwestlichen Hängen des Hochkogels das weithin sichtbare Höhlenportal. Der gegen den Eingang abfallende mächtige Hauptgang ist auf eine Länge von 650 m von Eis ausgefüllt, das Eisberge und bizarre Eisfiguren bildet. Die sich stets verändernde Eisfläche beträgt etwa 20 000 qm. Doch auch die eisfreien Gänge der Eisriesenwelt sind abwechslungsreich mit ihren Blockhalden, Lehmböden, Bergmilchüberzügen, Versinterungen, Klüften und Gewölben. Einmalig in ihrer märchenhaften Schönheit sind die Calcitkristallgrotten des »Diamantenreiches« I und II. Die Wände und Decken dieser Grotten, zu denen man jedoch nur mit besonderer Führung gelangen kann, sind mit durchsichtigen Calcitnadeln bedeckt, die im Magnesiumlicht in einem unbeschreiblichen Glanz erstrahlen. Die Höhlen und Gänge sind ein Erlebnis, das man nicht vergißt. Warme Kleidung und gutes Schuhwerk sind unbedingt erforderlich.

Hohenwerfen

Führungen ab Burghof:
1. April–Juli sowie Sept. und Okt. tgl. 11, 13 und 15 Uhr; Juli und Aug. stündlich 11–16 Uhr
Auskunft unter Tel. 0 64 68/76 03
Anfahrt nach Werfen: Tauernautobahn oder Bundesstraße Richtung Süden bis Werfen

Eisriesenwelt

Tel. 0 64 68/2 91
Führungen Mai–Okt. stündlich ab 9.30 Uhr (Dauer 2 Stunden)
Anfahrt von Werfen über die Bergstraße (6 km) bis zum Parkplatz in 1000 m Meereshöhe, Fußweg (15 Min.) zur Seilbahn-Talstation Wimmer-Rasthütte
Mit dem Taxi Anfahrt von Ortsmitte Werfen direkt zur Talstation
Auskunft, auch über Übernachtungen:
Dr.-Oedl-Haus, Tel. 0 64 68/2 48

Geschichte auf einen Blick

1900–900/800 v. Chr. In der Bronzezeit reiche Kupfer- und Bronze-Produktion. Der Rainberg ist Handelszentrum und Zwischenstation in Richtung Alpenvorland (um 1000 v. Chr.).

800 – ca. 400 v. Chr. In der älteren Eisenzeit Siedlungskonzentration im Raum Salzburg–Hallein. Am Dürrnberg wird Salz abgebaut.

Um 450/400 bis Christi Geburt Kelten bilden eine aristokratische Oberschicht. Die jüngere Eisenzeit ist durch bedeutende Funde dokumentiert. Bündnis- und Schutzverhältnis mit den Römern.

15/14 v. Chr. Römische Legionen besetzen das Land und wandeln das keltische Königreich Noricum in die Provinz Noricum um. Die römische Besiedlung dauert mehr als 400 Jahre. Die keltische Höhensiedlung wird aufgegeben, es entsteht die neue Siedlung Juvavum, die um 45 n. Chr. von Kaiser Claudius das Recht einer Municipalstadt erhält.

1. und 2. Jh. n. Chr. Blütezeit der Stadt Juvavum. Zentrum der römischen Stadt zwischen Kaigasse und Domplatz. In den Markomannenkriegen 171 n. Chr. zerstört, erst unter Septimus Severus 193–211 n. Chr. wiederhergestellt.

5. Jh. Um 470 kommt der hl. Severin nach Juvavum, er stirbt 482. Die römische Bevölkerung verläßt unter König Odoaker nach 488 die Stadt, die in der Folgezeit verfällt. Eine Siedlung auf der Hochterrasse des Nonnbergs überlebte.

6. Jh. Um 530 kommen Bajuwaren und wandernde Germanenstämme nach Salzburg.

7. Jh. Um 696 erhält Bischof Rupert von Herzog Theodo von Bayern die Reste Juvavums geschenkt.

8. Jh. 713–15 gründet Rupert auf dem Nonnberg ein Frauenkloster und setzt Erentrudis als Äbtissin ein. Nach 755 wird in der Lebensbeschreibung des hl. Bonifatius erstmals statt Juvavum der deutsche Name Salzburg gebraucht.

24. 9. 774 Weihe des von Bischof Virgil errichteten Domes, dessen Bau ab 767 erfolgte. Mit 66 mal 33 m Grundfläche für jene Zeit ein Kolossalbau.

803 Karl der Große in Salzburg.

996 Kaiser Otto III. verleiht Erzbischof Hartwig das Privileg des täglichen Marktes für die Stadt sowie das Zoll- und Münzrecht.

1077 Beginn des Baues der Festung Hohensalzburg.

1167 Erzbischof Konrad erkennt den kaiserlichen Papst nicht an (Investiturstreit). Im Auftrag von Kaiser Barbarossa wird die Stadt niedergebrannt und bleibt jahrelang ein Ruinenfeld.

1181 Erzbischof Konrad II. beginnt im Zuge des Wiederaufbaus der Stadt mit dem Bau des romanischen Münsters, das wesentlich größer ist als der heutige Dom.

1348–50 Zahlreiche Todesfälle durch eine Pestepidemie.

1368 Das Salzburger Stadtrecht wird schriftlich fixiert.

1481 Kaiser Friedrich III. gewährt Salzburg besondere Rechte.

1511 Erzbischof Leonhard von Keutschach zwingt die Ratsherren zum Verzicht auf die kaiserlichen Privilegien.

1525 Die Stadtbevölkerung verbündet sich mit aufständischen Bauern und öffnet die Stadttore. Erzbischof Kardinal Matthäus Lang flüchtet auf die Festung Hohensalzburg und wird 14 Wochen belagert.

1588 Ausweisung der protestantischen Bürger.

Um 1600 Salzburg hat etwa 7000 Einwohner.

1611 Erzbischof Wolf Dietrich gerät des Salzes wegen mit Bayern in Streit und läßt die Propstei Berchtesgaden besetzen. Herzog Maximilian von Bayern rückt in Salzburg ein. Wolf Dietrich wird abgesetzt und in der Festung gefangengehalten, wo er 1617 stirbt.

1623 Am 11. Oktober wird die Benediktiner-Universität eröffnet.

1619–53 Erzbischof Paris Graf Lodron befestigt Salzburg neu, um die Schrecken des Dreißigjährigen Krieges von der Stadt abzuwenden.

1628 Einweihung des neuen Domes von Santino Solari.

1669 Am 16. Juli riesiger Felssturz in die Gstättengasse (220 Tote).

1756 Am 27. Januar wird Wolfgang Amadeus Mozart geboren.

1781 Mozart verläßt nach einem Streit mit dem Landesfürsten Salzburg und geht endgültig als freischaffender Künstler nach Wien.

1803 Am 11. Februar resigniert Hieronymus Colloredo als weltlicher Fürst. Salzburg wird durch den Reichsdeputationshauptschluß bis 1805 Kurfürstentum unter Ferdinand III. von Toscana. Im Oktober 1805 wird Salzburg erstmals österreichisch, doch 1809–10 wieder von den Franzosen besetzt (Napoleonische Kriege) und am 12. September 1810 als Provinz Salzachkreis dem Königreich Bayern einverleibt.

1816 Mit Wirkung vom 1. Mai kommt Salzburg endgültig zu Österreich, doch ohne den Rupertiwinkel, den bayerischen Anteil des Landes. Salzburg ist lediglich Sitz eines Kreisamtes.

1818 Am 30. April zerstört ein Stadtbrand 93 Gebäude, darunter den Großteil von Schloß Mirabell und die Sebastianskirche.

1840 Der Kunstmaler Hans Makart wird im Schloß Mirabell, wo sein Vater Verwalter ist, geboren.

1850 Salzburg wird selbständiges habsburgisch-österreichisches Kronland.

1860 Salzburg erhält eine selbständige Landesregierung. Das Statut der Gesamtstadt als Festung wird aufgehoben.

Ab 1866 Die Basteien werden geschleift.

1873 Die Regulierung der Salzach wird beendet.

1875 Die Stadt hat 23 500 Einwohner.

1880 Gründung der Internationalen Stiftung Mozarteum, Eröffnung der gleichnamigen Musikschule.

1894 Trotz Bürgerprotesten wird das Linzer Tor abgerissen.

1920 Erste Aufführung des »Jedermann« auf dem Domplatz.

1938 Am 12. März Einmarsch der deutschen Truppen. Salzburg wird »Reichsgau«.

1944 Beginn der US-Luftangriffe auf die Stadt, die mehr als 530 Menschenleben und über 900 Verletzte fordern. 7040 Gebäude werden total zerstört, 618 schwer beschädigt.

1945 Am 4. Mai Einmarsch der amerikanischen Truppen. Salzburg ist bis zum Staatsvertrag 1955 Hauptquartier der amerikanischen Streitkräfte in Österreich.

1959 Weihe des wiederaufgebauten Domes.

1962 Wiedererrichtung der Universität Salzburg, der »Alma Mater Paridiana«.

1974 1200-Jahr-Jubiläum des Salzburger Domes.

1975 Die Altstadt wird Fußgängerzone.

1991 Salzburg zählt über 140 000 Einwohner.

Die Salzburger Wappen

Das Wappenwesen eines geistlichen Fürstentums bietet naturgemäß eine größere Vielfalt als das eines weltlichen Fürstentums, weil ja jede Erzbischofs- und damit Fürstenwahl ein anderes Geschlecht auf den Sitz des regierenden Erzbischofs brachte. Es gelang nur der Familie Kuenburg und den Grafen Thun, drei bzw. zwei Landesherren zu stellen. Das Domkapitel versuchte bewußt, diese Vielfalt zu lenken, um einerseits keine Fürstenfamilie zu mächtig werden und andererseits dieses Fürstentum nicht in die Einflußsphäre eines der großen Geschlechter, sprich Bayern oder Habsburg, geraten zu lassen. Das gelang mit unterschiedlichem Erfolg. Jeder neue Fürst aber war bestrebt, seine Regierungszeit der Nachwelt kenntlich zu machen, und ließ daher Wappen anbringen, wo es nur ging.

Die Stadt Salzburg führte schon 1249 in ihrem Siegel ein Wappen: Im roten Feld steht eine gezinnte Stadtmauer mit offenen Türflügeln und hochgezogenem Fallgitter unter einem kleinen zweifenstrigen Türmchen. Hinter der Mauer erheben sich drei mehrstöckige Türme.

Das Landeswappen zeigt im linken Feld einen aufrechten Löwen, rechts den rot-weiß-roten Bindenschild. Meist wird es durch Mitra, Bischofs-

oder Kardinalshut sowie Bischofsstab und Legatenkreuz ergänzt. Dieses Landeswappen ist oft mit dem Geschlechterwappen zu sehen.

Bei einem Spaziergang durch Salzburg fällt das Wappen des Leonhard von Keutschach (1495–1519) auf, denn es ist unverwechselbar durch eine beblätterte Rübe auf dem Feld. Die Kuenburger Bischöfe, von denen der letzte Erzbischof der Familie, Max Gandolf (1668–87), die meisten Wappen anbrachte, sind zu erkennen an zwei farbverwechselten Kugeln und Türbeschlägen. Von Wolf Dietrich von Raitenau (1587–1612) gibt es verschiedene Wappen, sie sind jedoch immer an einer schwarzen Kugel in silbernem Feld zu bestimmen. Die Kugel entstammt dem Medici-Wappen, weil die Mutter Wolf Dietrichs eine Nichte von Papst Pius IV. aus dem Hause Medici war. Besonders leicht zu erkennen ist das Familienwappen von Marcus Sitticus von Hohenems (1612–19), der in seinem Schild einen Steinbock führte. Ebenso unverwechselbar ist das Wappen des Paris Graf von Lodron (1619–53) durch den Löwen mit einem geknoteten Schweif, »Brezelschweif« genannt. Franz Anton Fürst Harrach (1709–27) führte im Wappen eine mit drei Straußenfedern besteckte Kugel.

Salzburger Wappen

Stadt Salzburg

Land Salzburg

Leonhard
von Keutschach

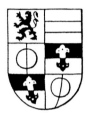

Michael und Max
Gandolf von Kuenburg

Wolf Dietrich
von Raitenau

Markus Sittikus
von Hohenems

Paris Lodron

Franz Anton
Harrach

Leopold Anton
Firmian

Sigismund
Schrattenbach

Hieronymus
Colloredo

Domkapitel

Info

Auskunft

Fremdenverkehrsinformation
Schriftlich, persönlich oder auch telefonisch erhalten Sie hier zu allen Fragen, die für Touristen interessant sein können, ausführliche Informationen und Prospektmaterial über Veranstaltungen.

Fremdenverkehrsbetriebe der Stadt Salzburg
Auerspergstr. 7
Tel. 8 89 87-0
Mo–Do 7.30–18 Uhr,
Fr 7.30–16 Uhr

Information Mozartplatz
Mozartplatz 5
Tel. 84 75 68 und 80 72-34 62 od. 34 63 (ganzjährig)
Tgl. 8–21 Uhr

Information Hauptbahnhof
Bahnsteig 10
Tel. 87 17 12 und 87 36 38 (ganzjährig)
Tgl. 8–21 Uhr

Information Salzburg-Mitte
Münchner Bundesstr. 1
Tel. 3 22 28 und 3 31 10 (43 22 28 u. 43 31 10) (ganzjährig)
Tgl. 9–20 Uhr

Information Salzburg-Süd
Park and Ride Parkplatz
Alpensiedlung-Süd
Alpenstraße
Tel. 2 09 66 und 2 29 40 (ganzjährig)
Tgl. Winter 11–17 Uhr
ab Mai 9–19 Uhr

Information Salzburg-Nonntal
Petersbrunnstr. 3
Tel. 84 04 31 und 84 04 32 (ganzjährig) – Fremdenführervermittlung
Tgl. 7.30–20 Uhr

Information Salzburg-West
Flughafen
Innsbrucker Bundesstr. 95 (BP-Tankstelle)
Tel. 85 24 51 und 85 24 52
(1. Apr. – 31. Okt.)
Tgl. 9–20 Uhr

Automobilclubs

Auto-, Motor- und Radfahrerbund Österreichs (ARBÖ)
Münchner Bundesstr. 9
Tel. 3 36 01 und 3 36 31
Pannendienst tgl. 0–24 Uhr
Tel. 1 23

Salzburger Automobil-, Motorrad- und Touring-Club (SAMTC)
Alpenstr. 102
Tel. 2 05 01
Pannendienst
Tel. 1 20
Tgl. 0–24 Uhr

Autovermietung

ARAC
Fanny-von-Lehnert-Str. 1, Porsche-Hof
Tel 5 05 81-3 36 (46 81-3 36)

Avis
Ferdinand-Porsche-Str. 7
Tel. 87 72 78-0

Buchbinder
Vogelweiderstr. 63
Tel. 87 34 27

Budget
Rainerstr. 17
Tel. 87 34 52

Denzel-Europcar
Schwarzstr. 11
Tel. 87 42 74

Hertz
Ferdinand-Porsche-Str. 7
Tel. 87 66 74

interRent
Gabelsbergerstr. 3
Tel. 87 42 74

Kalal
Alpenstr. 2
Tel. 2 00 06

US-Pkw-Verleih
Röcklbrunnstr. 36
Tel. 7 17 83 und 5 41 32

Winter
Rainerstr. 13
Tel. 87 50 72

Bahn

Zugauskunft (7–20.45 Uhr)
Tel. 17 17
Zugauskunft per Tonband Richtung München Tel. 15 58; Richtung Innsbruck Tel. 15 54; Richtung Villach, Klagenfurt, Graz Tel. 15 53; Richtung Wien Tel. 15 52
Bahn-Totalservice Telefonische Fahrkarten-, Liege-, Schlaf- und Platzkartenbestellungen: Mo–Fr 9–17 Uhr, Tel. 17 00

Buslinien

City-Bus Die City-Busse, Fahrpreis 7 öS, bringen Sie schnell und bequem durch die Innenstadt. Sie verkehren wechselweise zwischen Parkplatz Nonntal und Sigmundsplatz (Altstadtgaragen).
Städtische Buslinien Die geographisch und architektonisch bedingten Verhältnisse erlauben keine großzügigen Lösungen. Deshalb ist zu empfehlen, die öffentlichen Verkehrsmittel zu benutzen. Sie erreichen damit problemlos und preisgünstig alle wichtigen Punkte in der Stadt. Die Innenstadt ist ohnedies für Fußgänger wie geschaffen.
Die Salzburger Stadtwerke-Verkehrsbetriebe halten die Broschüre »Öffentliche Verkehrsmittel« bereit, in der alle Buslinien, die Preise der Fahrscheine und sonstige Tips enthalten sind. Diese Informationen bekommen Sie in fast allen Tabakhandlungen, in vielen Hotels, in den Touristen-Informationsstellen und in den Zeitkartenbüros der Verkehrsbetriebe. Auskunft über Buslinien: Tel. 2 05 51.
Das »Salzburg-Ticket« gilt 24 Stunden ab Entwertung im gesamten Busnetz, für Festungsbahn und Mönchsbergaufzug sowie für die Lokalbahn bis Bergheim. Erhältlich in Tabakhandlungen, in den Touristen-Informationsstellen und in den Zeitkartenbüros der Verkehrsbetriebe, ist es eine große Erleichterung beim ausgedehnten Sight-seeing:

Zeitkartenbüro
Griesgasse 21
Tel. 2 05 51-31
Mo–Fr 7.30–18 Uhr, Sa 7.30–12 Uhr
Zeitkartenbüro Stadtwerkehaus
Roseggerstr. 2/1. Stock
Tel. 3 15 21-28 26
Mo–Do 7.30–12 Uhr, 12.30–16.30 Uhr, Fr 7.30–12.30 Uhr

Camping

Alpencamping Gersbergalm
Gersbergweg 37
Tel. 2 03 74 (ganzjährig)
Camping ASK Salzburg West
Karolingerstr. 4
Tel. 84 56 02
Camping Kasern
Kasern 1
Tel. 5 05 76
Camping Nord-Sam
Samstr. 22 a
Tel. 66 06 11
Camping Ost-Gnigl
Parscher Str. 4
Tel. 70 27 43 (64 41 43)
Camping Schloß Aigen
Weberbartlweg 20
Tel. 27 22 43 und 2 20 79
Camping Stadtblick Rauchenbichl
Rauchenbichlerstr. 21
Tel. 5 06 52
Stadtcamping Fallenegger
Bayerhamerstr. 14a
Tel. 87 11 69-35

Einreise

Benötigt werden Reisepaß oder Personalausweis, für Kinder unter 16 Jahren ein Kinderausweis oder eine Eintragung in den Elternpaß.

Fahrradverleih

Activ Reisebüro
Kaigasse 21
Tel. 89 11 48
Frey
Alpenstr. 85
Tel. 2 35 81-282 (April – Aug.)

Hauptbahnhof
Schalter 3
Tel. 87 15 41-337 (April – Nov.)
VELOrent-Gasthaus Überfuhr
Franz-Hinterholzer-Kai 38
Tel. 2 12 13 (April – Sept.)
VELOrent-Salzburg Information
Busparkplatz Nonntal
Tel. 84 04 31 (April – Sept.)
**VELOrent-Salzburger Gesundheits-
haus**
Franz-Josef-Str. 1–3
Tel. 88 26 72 (April – Sept.)
VELOrent-Zentrale
Franz-Josef-Straße 15
Tel. 88 27 88 (ganzjährig)
VELOrep-Fahrradwerkstatt
Fischbachstraße 39
Tel. 27 43 58 (ganzjährig)
Zweirad Egger
Willibald-Hauthaler-Straße 4
Tel. 3 16 82 (ganzjährig)

Feiertage

1. Januar (Neujahr)
6. Januar (Heilige Drei Könige)
Ostermontag
1. Mai
Christi Himmelfahrt
Pfingstmontag
Fronleichnam
15. August (Mariä Himmelfahrt)
24. September (Rupertitag: Ämter
ganz, Geschäfte teilweise geschl.)
26. Oktober (Nationalfeiertag)
1. November (Allerheiligen)
8. Dezember (Mariä Empfängnis)
25. Dezember (Weihnachten)
26. Dezember (Stephanitag)

Fiaker

Es gibt in Salzburg 11 Gespanne.
Standort: Residenzplatz
Tel. 84 47 72
Pro Gespann (4 Personen):
Altstadtfahrt (ca. 20–25 Min.)
320 öS; pro Stunde 620 öS

Flug
Flughafen Airport Salzburg
Tel. 80 55–0
Buslinie 77

Flugauskunft (Passagierdienst
AUA)
Tel. 85 29 00-0
Austrian Airlines
Auskunft und Buchungen
Tel. 87 55 44
Buchungen:
Können in allen Reisebüros und in
den Büros der Fluggesellschaften
getätigt werden.
Fluggesellschaften
Austrian Airlines
Makartplatz 9
Tel. 87 55 44
Deutsche Lufthansa AG
Griesgasse 6
Tel. 84 27 32
Swissair
Alter Markt 1/II
Tel. 84 45 66

Fremdenführer
**Fremdenführertarife in der Stadt
Salzburg**
Führungen bis zu 3 Stunden 1200 öS
(max. 50 Personen); fremdsprachige
Führungen 1320 öS; jede weitere
Stunde 400 öS.
Treffpunkt:
Information Mozartplatz
Mozartplatz 5
Tel. 80 72-34 62, 80 72-34 63 und
84 75 88
Auskünfte erteilt die Fremdenver-
kehrsinformation (→ Auskunft)

Geldwechsel
Banken
Mo–Fr 8–12 Uhr, 14–16.30 Uhr, Sa
und So geschl.
Bahnhof-Wechselstuben
Tel. 80 48-550 und 551
Tgl. 7–22 Uhr (Schalterhalle)
Tgl. 7.30–19 Uhr (Perron)
Wechselstube Flughafen
Tel. 85 20 88
Tgl. 8–12 Uhr, 12.30–16 Uhr
**Geldwechselschalter in der Infor-
mation Mozartplatz**
Tel. 84 75 68
Juli/Aug. Sa 12–16 Uhr, So 10–13
Uhr

Gepäckaufbewahrung

Hauptbahnhof
Tgl. 0–24 Uhr
Tel. 87 27 46

Geschäftsöffnungszeiten

Die Geschäfte sind im allgemeinen Mo–Fr 8–18/18.30 Uhr geöffnet (1–2 Stunden Mittagspause möglich), Sa 8–12/13 Uhr. Es bestehen für manche Branchen Abweichungen. Jeder 1. Samstag ist langer Einkaufstag mit Öffnungszeiten bis 17 Uhr. In der Festspielzeit können Geschäfte im Stadtzentrum auch an Samstagnachmittagen geöffnet sein.

Gottesdienste

Regelmäßige Gottesdienste in katholischen und protestantischen Kirchen sowie in den übrigen gesetzlich anerkannten Religionsgemeinschaften. Weitere Angaben entnehmen Sie bitte der Gottesdienstliste der Erzdiözese Salzburg, dem amtlichen Telefonbuch oder den Salzburger Tageszeitungen.

Hotelinformation und Zimmervermittlung

Stadtverkehrsbüro Salzburg
Auerspergstr. 7
5020 Salzburg
Tel. 80 72-34 52 und 80 72-34 67
Mo–Fr 7.30–18 Uhr
Vermittlung von Hotel- und Privatzimmern auch auf schriftliche oder telefonische Anfrage.
Information Hauptbahnhof
Inselbahnsteig
Tgl. 8–22 Uhr
(Vermittlung nur bei direktem Parteienverkehr)
Information Mozartplatz
Mozartplatz 5
Tgl. 8–21 Uhr

Jugendherbergen

Die Broschüre »Salzburg für die Jugend« erhalten Sie an allen Touristen-Informationsstellen.

Dependance St. Elisabeth
Plainstr. 83
Tel. 5 07 28 (Juli/Aug.)
Jugendgästehaus Salzburg-Nonntal
Josef-Preis-Allee 18
Tel. 84 26 70 und 84 68 57 (ganzjährig)
Jugendherberge Aigen
Aigner Str. 34
Tel. 2 32 48 (ganzjährig)
Jugendherberge Eduard-Heinrich-Haus
Eduard-Heinrich-Str. 2
Tel. 2 59 76 (Juli/Aug.)
Jugendherberge Glockengasse
Glockengasse 8
Tel. 87 62 41 (April – Okt.)
Jugendherberge Haunspergstraße
Haunspergstr. 27
Tel. 87 50 30

Kartenbüros

Reisebüro Amexco
Mozartplatz 5
Tel. 84 25 01
Dr. Degener Reisen Ges.m.b.H.
Linzer Gasse 4
Tel. 8 89 11-0
Int. Reiseservice
Schwarzstr. 11
Tel. 84 85 08-0
Rudolf Kollarits
Pfeifergasse 3
Tel. 82 47 05
Salzburger Landesreisebüro
Schwarzstr. 9
Tel. 8 89 19-0
Neubaur
Getreidegasse 15
Tel. 84 11 57
Polzer
Residenzplatz 3
Tel. 84 65 00, 84 22 29 und 84 13 06
Reisebüro Ruefa
Rainerstr. 7
Tel. 87 45 61
Rusche
Nonntaler Hauptstr. 82
Tel. 82 26 34
Sabine Sekyra
Goldgasse 13
Tel. 84 53 86
Telebox: Kartengoldgasse

Verkehrs- und Reisebüro Ges.m.b.H.
Getreidegasse 24
Tel. 84 85 01-0
Wagons-Lits Reisebüro
Münzgasse 1
Tel. 84 27 55-0

Kinder

Es gibt nur wenige Möglichkeiten, Kinder versorgen zu lassen, während Eltern die Stadt besichtigen. Eine Möglichkeit bietet das »Spatzennest« im → Spielzeugmuseum. Während der Öffnungszeiten des Museums können hier Kinder im Kindergartenalter Gäste sein.
Bürgerspitalgasse 2
Tel. 84 75 60
Di–Fr 9–16 Uhr, Sa 9–12.30 Uhr
Im städtischen Gesundheitsamt gibt es eine Wickelstube, in der Kinder auch gestillt werden können.
Anton-Neumayr-Platz 3
Tel. 80 42-28 87
Mo 8.30–17.30 Uhr, Di–Do 8.30–16 Uhr und Fr 8.30–15 Uhr
Buslinien 1, 2, 15, 29
Sehenswürdigkeiten, die besonders Kindern Spaß machen, sind natürlich das → Spielzeugmuseum, das → Haus der Natur mit seinen naturkundlichen Sammlungen, Terrarien und Aquarien, schließlich der → Tiergarten Hellbrunn und die barocken Wasserspiele im → Schloß Hellbrunn. Der weitläufige Park des Schlosses besitzt Spielwiesen, wo Kinder sich austoben können. Die Besichtigung der Festung und die Auffahrt mit der Zahnradbahn sind für ältere Kinder empfehlenswert.
Die Gastronomie ist durchweg auf die kleinen Gäste eingestellt.

Konsulate

Deutsches Generalkonsulat
Bürgerspitalplatz 1/II (Getreidegasse)
Tel. 84 15 91-0
Mo–Fr 9–12 Uhr
Schweizerische Konsulagentur
Alpenstr. 85
Tel. 2 25 30
Mo–Fr 9–12 Uhr, 14–16 Uhr
Buslinien 51, 95

Kureinrichtungen

Salzburg ist auch Kurstadt: Es werden Moorbehandlungen, Sole-Therapien und Trinkkuren verabreicht.
Auskünfte: Paracelsus-Kurhaus
Auerspergstr. 2
Tel. 87 32 00

Medizinische Versorgung

Bei deutschen Krankenkassen Versicherte haben Anspruch auf ambulante oder stationäre Behandlung gegen Vorweis eines Anspruchsausweises, der vor der Reise zu besorgen ist. Damit ist bei Vertragsärzten die Behandlung kostenfrei, für auf Kassenrezept verordnete Medikamente sind pro Verschreibung 25 öS zu bezahlen. Diese Regelung gilt nicht für Zahnbehandlungen. Der Patient muß die Kosten für eine Zahnbehandlung zunächst selbst übernehmen und erhält von der Krankenkasse gegen Beleg eine Rückerstattung.
Apotheken:
Öffnungszeiten: Mo–Fr 8–12.30 Uhr und 14.30–18 Uhr, Sa 8–12 Uhr. Mittags-, Nacht-, Wochenend- und Feiertagsdienst. Bei jeder geschlossenen Apotheke findet sich ein Hinweis auf die nächste geöffnete. Der Apotheken-Notdienst ist auch den Samstagausgaben der Salzburger Tageszeitungen zu entnehmen.
Ärzte:
Praktische Ärzte, Zahn- und Fachärzte sind unter dem Stichwort »Ärzte« im amtlichen Telefonbuch zu finden. Die nächstgelegene Praxis ist auch über den Hotelportier zu erfragen. In Notfällen ist die Rettung zu verständigen: Tel. 1 44.
Wochenend- und Feiertagsdienst:
Ärzte-Notdienst-Zentrale
Paris-Lodron-Str. 8a
Tel. 1 41
Dauer des Dienstes: Sa–Mo 7–7 Uhr und an Feiertagen

Notruf

Feuerwehr 1 22
Pannenhilfe ÖAMTC 1 20, ARBÖ
1 23
Polizei 1 33
Rettung 1 44

Parkmöglichkeiten

P & R (Park & Ride)
P & R Süd, Alpenstraße, 350 Parkplätze (ganzjährig)
P & R SAZ (Salzburger Ausstellungszentrum) Juli – Aug. 1300 Parkplätze, Autobahnanschlußstelle
Parkgaragen
Altstadtgaragen im Mönchsberg
1500 Parkplätze (0–24 Uhr)
Hypo-Garage
Nonntal
105 Parkplätze
Juni–Sept. tgl. 7–23 Uhr; Okt.–Mai
Mo–Sa 7–23 Uhr, So und Feiertage geschl.
Mirabellgarage
Mirabellplatz
660 Parkplätze (7–24 Uhr)
Raiffeisengarage
Schwarzstr. 13–15
179 Parkplätze (7–24 Uhr)
Parkgarage im Sheraton-Hotel
Auerspergstr. 4
59 Parkplätze
Einfahrt 6–23 Uhr, Ausfahrt durchgehend
WIFI-Garage
Julius-Raab-Platz 2
220 Parkplätze
Mo–Fr 7.30–23 Uhr, Sa 7.30–18 Uhr
Gebührenpflichtige Parkplätze
Flughafen (ganzjährig)
Rot-Kreuz-Parkplatz
Franz-Josef-Kai (ganzjährig)
Glockengasse (ganzjährig)
Hellbrunn April – Okt.
Kajetanerplatz (ganzjährig)

Polizei

Bundespolizeidirektion Salzburg
Alpenstr. 90
Tel. 2 95 11-0

Post- und Telegraphenämter

→ auch Telefon
Öffnungszeiten: Mo–Do 8–12 Uhr
und 14–18 Uhr, Fr 8–12 Uhr und
14–17 Uhr
Postamt 5010 Salzburg
Residenzplatz 9,
Tel. 84 41 21
Postamt 5020 Salzburg
Südtiroler Platz 17, Hauptbahnhof
Tel. 8 89 70,
Tgl. 0–24 Uhr
Postamt 5024 Salzburg
Makartplatz 6,
Tel. 87 35 31
Postamt 5027 Salzburg
Schrannengasse 10c,
Tel. 87 14 07
Portogebühren ins Ausland: Ansichtskarten 5 öS, Briefe bis zu 20 Gramm 7 öS, über 20 Gramm ab 12 öS. Expreßzuschlag 20 öS. Einschreiben 17 öS. Päckchen nach Deutschland: bis zu 100 Gramm 10 öS, bis zu 1000 Gramm 50 öS; Paket bis zu 1 Kilo 90 öS, bis zu 5 Kilo 135 öS.

Rundflüge

aeroCHARTER,
Flughafen
Innsbrucker Bundesstr. 95
Tel. 85 12 12-14

Stadtrundfahrten

Stadtrundfahrten und Rundfahrten in die Umgebung beginnen auf dem Mirabellplatz und dem Residenzplatz. Dort stehen Kioske, bei denen gebucht werden kann.

Tageszeitungen

Marktbeherrschend sind die »Salzburger Nachrichten«, die einzige Zeitung, die in Salzburg gedruckt wird. Die Wiener Boulevardzeitungen »Neue Kronen Zeitung« und »Kurier« erscheinen mit eigenen Salzburg-Ausgaben.

Taxi

In Salzburg sind etwa 200 Taxis registriert. Neben Taxistandplätzen an

wichtigen Punkten der Stadt, auch in der Fußgängerzone, ist von jedem Punkt der Stadt aus über den Funktaxiruf ein Wagen zu bestellen. Grundtaxe im Stadtgebiet 30 öS, vom Standplatz bis zum Kunden pro 200 m 1 öS, mit Kunden pro 88 m 1 öS, bei Wartezeit 2,50 öS pro Minute.
Tel. 81 11

Telefon

Vorwahl aus der Bundesrepublik Deutschland und der Schweiz nach Salzburg 00 43/6 62
Vorwahl aus Österreich nach Salzburg 06 62
Vorwahl von Salzburg in die Bundesrepublik Deutschland 06, dann Ortsvorwahl und Teilnehmernummer
Vorwahl von Salzburg in die Schweiz 05, dann Ortsvorwahl und Teilnehmernummer
Telefonauskunft 08 (Selbstwählverkehr) bei Inanspruchnahme der Vermittlung 09
Telefonische Telegrammaufgabe: 0 62 90
Ortsgesprächsgebühren für 1 Stunde 40 öS, für 1 Minute 0,67 öS
Gesprächsgebühren pro Minute:
Zone I (bis 50 km) 4 öS
Zone II (über 50 km) 6,67 öS
Zwischen 18 und 8 Uhr und Sa, So und an Feiertagen sind die Gebühren wesentlich niedriger.
Gespräche in die Schweiz und in die Bundesrepublik Deutschland kosten je Minute 8,67 öS. Zwischen 18–8 Uhr und Sa, So sowie an Feiertagen 6,67 öS. Bezahlt wird bei Münzfernsprechern in Münzen zu 1, 5 oder 10 öS.
Ferngespräche sollte man nach Möglichkeit von Postämtern oder Münzfernsprechern führen, denn Hotels, Restaurants und Gaststätten erheben meist einen beträchtlichen Zuschlag.

Trinkgeld

Bei zufriedenstellender Leistung, wobei die Auslegung eher großzügig sein sollte, wird ein Trinkgeld bis zu 10 Prozent der Rechnungssumme erwartet. Das gilt für Taxi, Hotel, Kaffeehaus, Restaurant, Friseur.

Zoll

Für Einreise und Ausreise gelten Zollvorschriften, die zu beachten sind. Reisende über 17 Jahre dürfen einführen: 200 Zigaretten oder 50 Zigarren oder 250 Gramm Tabak; 2 Liter Wein oder 1 Liter Alkoholika; 250 Gramm Kaffee; 50 Gramm Parfum und 0,25 Liter Eau de Toilette. Gegenstände des persönlichen Gebrauchs sind bei der Einfuhr zollfrei, dazu zählen auch Foto-, Film- und Videokameras, Musikinstrumente, Kofferradios, tragbare TV-Geräte, Reiseschreibmaschinen, Sportgegenstände, dabei auch bis zu zwei Sportgewehre mit je 100 Patronen. Erwachsene dürfen Tabak, Zigaretten, Wein und Spirituosen in jeder Menge ausführen, wobei die Zollvorschriften des Heimatlandes zu beachten sind.
Wer in Österreich eingekaufte Waren im Wert von mehr als 1000 öS ausführt, kann bei der Ausreise die Mehrwertsteuer in Höhe von 16,6 Prozent rückerstattet bekommen. Dazu muß beim Einkauf der Reisepaß vorgelegt werden, damit der Verkäufer eine Rechnung und das Formular U 34 ausstellen kann, auf dem der Zollbeamte dann die Ausfuhr bestätigt. Nach Rücksendung dieses Beleges an das Geschäft wird die Mehrwertsteuer überwiesen. Vertragsfirmen des ÖAMTC (Auskünfte ÖAMTC) erleichtern die Vorgangsweise, so daß der Betrag direkt am Grenzschalter des Automobilclubs erstattet werden kann. Eine begünstigte Regelung gibt es auch für Flugreisende.

Register:

Namen in Anführung bezeichnen Cafés, Restaurants und Hotels. Wird ein Begriff mehrmals aufgeführt, verweist die **halbfett** gedruckte Zahl auf die Hauptnennung.

MERIAN-Redaktion, Hamburg
Lektorat: Leo Strohm
Bildredaktion: Annette Meyer-Prien
Kartenredaktion: Karin Szpott

An unsere Leserinnen und Leser:
Wir freuen uns über Ihre Berichtigungs- und
Ergänzungsvorschläge. Natürlich interessiert uns auch,
was Ihnen am vorliegenden Band besonders gefällt.

MERIAN Reiseführer
Postfach 13 20 92
2000 Hamburg 13

2. Auflage 1991
Copyright © 1990 by Hoffmann und Campe Verlag, Hamburg
Umschlaggestaltung: Rambow, Rambow, van de Sand, Frankfurt
Umschlagfoto: Fotoagentur Helga Lade/Assmann
Karten: Kartographie Huber, München
Satz: Utesch Satztechnik GmbH, Hamburg
Lithographie: Druckformdienst Carl Kruse, Norderstedt
Druck und Bindung: Mainpresse Richterdruck, Würzburg
Printed in Germany
ISBN 3-455-10174-7

Fotos: Chr. B. Irrgang 18; M. Thomas 4, 62, 67; Transglobe Agency 8, 9,
13, 27, 39, 42, 46, 47, 50, 55, 59, 63, 74/75, 81
Titelmotiv: Salzburg-Panorama bei Nacht

Lieferbare Titel »Super reisen!«

Ägypten
Algarve
Amsterdam
Andalusien
Australien
Bali
Barcelona
Belgien
Berlin
Bodensee
Brandenburg
Brasilien
Bretagne
Budapest
Burgund
Costa Brava
Costa del Sol
Côte d'Azur
Elsaß
Florenz
Florida
Französische Atlantikküste
Gardasee und Umgebung
Gomera · Hierro · La Palma
Gran Canaria
Hamburg
Hawaii
Holland
Hongkong
Ibiza · Formentera
Indiens Norden
Ionische Inseln
Irland
Israel
Istanbul
Italienische Adria
Italienische Riviera
Jerusalem
Kärnten
Kalifornien: Der Norden
Kalifornien: Der Süden
Karibik: Große Antillen
Karibik: Kleine Antillen
Kenia
Köln
Korsika
Kreta
Kykladen
Lanzarote · Fuerteventura
Leningrad

London
Madeira · Azoren
Madrid
Mailand
Mallorca
Malta
Marokko
Mecklenburg-Vorpommern
Mexiko
Moskau
München
Nepal
Neuseeland
New York
Nordseeinseln
Norwegen
Oberbayern
Paris
Peloponnes
Portugal
Prag
Provence
Rhodos
Rio
Rom
Sachsen:
    Dresden · Leipzig
Salzburg
Sardinien
Schleswig-Holstein
Schottland
Schwarzwald
Schweden
Singapur
Spaniens Nordküste
Straßburg
Südtirol
Sylt
Teneriffa
Thailand
Thüringen
Tirol
Toskana
Türkei
Tunesien
Ungarn
USA Ostküste
Venedig
Wien
Zypern